Frederik Hetmann · Ingrid Röbbelen
Harald Tondern

Dichter leben

Eine Literaturgeschichte in Geschichten
Band 1: Von Grimmelshausen bis Fontane

BELTZ
& Gelberg

Gulliver Taschenbuch 5504
Originalausgabe
© 2000 Beltz Verlag, Weinheim und Basel
Programm Beltz & Gelberg, Weinheim
Alle Rechte vorbehalten
Lektorat Frank Griesheimer
Einbandgestaltung von Max Bartholl
Gesetzt nach der neuen Rechtschreibung
Gesamtherstellung Druckhaus Beltz, 69494 Hemsbach
Printed in Germany
ISBN 3 407 75504 X
1 2 3 4 5   04 03 02 01 00

Inhalt

Vorwort   7
Eine etwas andere Literaturgeschichte

Über Christoffel von Grimmelshausen   11
Der Weg ins Paradies

Über Gotthold Ephraim Lessing   27
»Ich möchte tanzen lernen«

Über Matthias Claudius
»Ich war wohl klug, dass ich dich fand ...«   43

Über Johann Wolfgang von Goethe   62
»Sie war die Erste nicht ...«

Über Friedrich Schiller
»Zu einem Spitzbuben will's Grütz!«   78

Über Bettina von Arnim   94
»Mein Bruder, mein Liebster«

Über Friedrich Hölderlin   110
Begegnung mit einem Unbekannten

Über Heinrich von Kleist   124
Die geheime Verlobung

Inhalt

Über E. T. A. Hoffmann   *142*
Post für Mademoiselle Rosalba

Über Joseph von Eichendorff   *154*
»Triffst du nur das Zauberwort ...«

Über Annette von Droste-Hülshoff   *169*
Sonne und Mond

Über Heinrich Heine   *184*
Was gibt's da zu rätseln?

Über Georg Büchner   *202*
Der Geheimauftrag

Über Adalbert Stifter   *218*
Fanny und Amalia

Über Gottfried Keller   *232*
Ein Schüler wird »geköpft«

Über Theodor Storm   *246*
Liebesweh

Über Theodor Fontane   *265*
Das Glück auf der Schaukel

Vorwort

Eine etwas andere Literaturgeschichte

Goethe, Schiller, Hölderlin, Kleist, Bettina von Arnim, die Droste, Heine, Büchner, Storm, Keller – Namen, die (fast) jeder kennt. Aber wer verbirgt sich hinter diesen großen Namen? Was wissen wir wirklich über einen Mann wie beispielsweise Gotthold Ephraim Lessing, dessen Name uns von zahlreichen Denkmalen und noch mehr Straßenschildern vertraut ist? Wir kennen vielleicht sein berühmtes Theaterstück *Nathan der Weise*. Aber wer war dieser Autor? Wie hat er gelebt? Wo ist er aufgewachsen? Was hat er gedacht? Was hat ihn bewegt? Wie ist er zum Schriftsteller geworden?

Bei Lesungen, in Gesprächen mit Jugendlichen und Erwachsenen in Schulen, Bibliotheken, Buchhandlungen ist uns klar geworden, dass Literatur nur dann lebendig bleibt, wenn in jeder Generation ein neuer Zugang zu ihr gesucht wird. Für uns, die wir dieses Buch geschrieben haben, ist ein Leben ohne Bücher, ohne Lesen, nicht vorstellbar. Wir lieben Literatur. Wir haben Lust am Lesen. Wir betrachten den Umgang mit Büchern auch, aber nicht ausschließlich als Unterhaltung.

Beim Lesen finden wir Vergnügen daran nachzuvollziehen, wie in einem Roman oder in einem Theaterstück diese oder jene Gestalt dargestellt wird. Wir entdecken, dass die Antworten, die ein Text auf bestimmte Lebensprobleme gibt, uns in unseren eigenen Vorstellungen, wie man leben sollte, bestärken – oder dass sie uns zu Widerspruch herausfordern. Und noch eine Erfahrung machen wir beim Lesen: Schriftsteller sind Sprachkünstler. In ihren Gedichten, Romanen und Theaterstücken ist der Gebrauch von Worten zu einer Kunst geworden. Es gelingt ihnen, Worte zu finden, die eine bestimmte Situation so intensiv darstellen, dass sie uns wie wirklich erscheint. Eine Dichterin, ein Dichter kann die Gefühle, die in uns eingesperrt sind, für die wir selbst keine Worte zu haben meinen, in Bildern und Sätzen vermitteln. Das ist ein Geschenk, das sie oder er dem Leser macht.

Verschweigen wir aber auch eines nicht: Auseinandersetzung mit Literatur, der Zugang zu ihr, ist nicht immer leicht. Vor allem, wenn es sich um literarische Texte aus der Vergangenheit handelt.

In spannenden, unterhaltsamen und auch nachdenklich stimmenden Geschichten stellen wir in diesem Buch siebzehn deutschsprachige Schriftsteller von Grimmelshausen bis Fontane vor. Es sind Geschichten, die die Autoren lebendig machen sollen, die von ihrer Herkunft, ihren Lieben, Erfahrungen, Träumen, Wünschen und Problemen erzählen. Außerdem haben wir fast immer eine Begebenheit ausgewählt, die in der Jugend des jeweiligen Dichters spielt. Denn wir gehen davon aus, dass die Leserinnen und Leser dieses Buches selbst jung sind und dass vielleicht die Antwort auf die Frage »Wie war es, als Lessing oder Schiller so alt waren wie ich jetzt?« eine Brücke zwischen gestern und heute bilden kann.

Als Ergänzung haben wir zu jeder der siebzehn Geschichten eine kurze Biographie geschrieben, die es dem Leser ermöglicht, die Begebenheit, von der wir erzählen, in das Leben des jeweiligen Autors einzuordnen.

All das soll Lust auf mehr machen. Wer einen Autor näher kennen lernen will, sollte seine Werke lesen. Doch wo beginnen? Zu jeder Geschichte, zu jedem Autor bieten wir einige Lesevorschläge an, die einen Weg zeigen in das jeweilige Gesamtwerk. Diese Vorschläge sind so ausgewählt, dass sie eine erste freundliche Annäherung ermöglichen und zu weiteren Erkundungen anregen. Vielleicht bekommt der eine oder andere sogar Lust, das Gesamtwerk einer Autorin, eines Autors zu lesen.

Allerdings haben wir ganz bewusst auf lange Bücherlisten verzichtet. Die Werke unserer siebzehn Autoren stehen in jeder Bücherei und in jeder Buchhandlung. Man findet dort auch preiswerte Taschenbuchausgaben für das private Lesevergnügen.

Da viele Leser gern die Orte besuchen, die im Leben ihrer Lieblingsautoren von Bedeutung waren, haben wir die Lesevorschläge noch durch Besichtigungstipps ergänzt. Wir nennen die wichtigen Autoren-Museen und geben an, wo man beispielsweise das Wohnhaus von Theodor Storm oder das Fürstenhäuschen der Annette von Droste-Hülshoff besichtigen kann.

Vorwort

Bleibt die Frage, wie wir unsere siebzehn Autoren ausgewählt haben. Es ist uns darum gegangen, vor allem jene deutschsprachigen Autorinnen und Autoren vorzustellen, die im 17. bis 19. Jahrhundert gelebt haben und die bis heute einen hohen Rang haben. Natürlich sind wir uns bewusst, dass viele große Namen in unserer Auswahl fehlen. Wir hätten unsere Liste leicht auf fünfzig oder hundert Autoren erweitern können. Aber wenn unsere siebzehn durch diese etwas andere Literaturgeschichte lebendiger werden, ist das ein Anfang.

Im zweiten Band der Reihe *Dichter leben* werden wir siebzehn weitere Autoren vorstellen – von Rilke bis Grass.

Frederik Hetmann   Ingrid Röbbelen   Harald Tondern

Über Christoffel von Grimmelshausen
Frederik Hetmann

Der Weg ins Paradies

Der Junge mochte zwölf, dreizehn Jahre alt sein. Vor ihm stand eine große Trommel und neben ihm einer von den Kaiserlichen, ein Mann in einer abgerissenen Uniform, mit einem fuchsfarbenen Schnauzbart und mit von zersprungenen Adern durchzogenen Wangen.

»Wenn die erste Linie vorrückt«, erklärte er dem Jungen, »trommelst du langsam drei Schläge, die ihrem Schritt angepasst sind. Dann einen Schlag lang Pause. Das ist, damit sie aufmerken und nicht einfach stur vorangehen. Gleich darauf werden schon ziemlich viele ins Gras beißen. Nun kommt die zweite Linie. Jene brauchen schon etwas mehr Anstachelung. Also schlägst du jetzt rasch, wiederum drei Schläge, machst eine Pause und fügst noch einmal drei Schläge hinzu. Unterdessen wird auch die zweite Linie ziemlich viele Lücken aufweisen. Die Männer sind jetzt eingeschüchtert, weil sie ständig über die toten und verwundeten Kameraden stolpern. Deswegen musst du sie mit deinem Schlag aufmuntern. Er sollte nicht mehr so dumpf klingen wie zu Anfang. Er sollte rasch kommen wie für die zweite Linie, aber noch etwas spritziger. Er muss denen, die in der dritten Linie voranrücken, Mut geben. Deshalb schlägst du nun, wenn du drei rasche Schläge getrommelt hast, einmal mit dem Stecken auf den Trommelrand. Das ist das Geräusch, von dem man sagt, dass es einen den Tod vergessen lässt. Hast du das verstanden?«

Der Junge nickte lebhaft.

»Gut, dann nimm dir jetzt die Trommel und geh dort hinten in das Wäldchen und übe. Du darfst beim Üben nicht mit voller Kraft schlagen, sondern ein wenig leiser, gedämpfter als morgen in der Schlacht. Aber dass du mir wenigstens eine halbe Stunde übst. So viel braucht es, um die Gelenke an die Bewegungen zu gewöhnen. Falls dich die Posten am Lagertor anhalten – die Parole lautet: ›Sankt Jakob!‹ Wenn du sie ihnen nennst, werden sie dich hinaus- und später wieder hereinlassen.«

Der Junge, der Stoffel hieß, nahm die Trommel auf und hängte sie sich mit dem breiten Ledergurt über die rechte Schulter. Da er die Parole hersagen konnte, gelangte er ohne Schwierigkeiten durch das Lagertor.

Während er auf das Buchenwäldchen zulief, dachte er: Ich sollte so einen Golem haben, so ein durch Zauber erschaffenes Wesen, das statt meiner trommelt. Dann wäre es leicht, fortzulaufen und einen sicheren Vorsprung zu erlangen. Aber so muss es auch ohne den Golem hingehen.

Denn fortzulaufen, dazu war er fest entschlossen.

Er marschierte jetzt schon über vier Wochen bei den Kaiserlichen mit. Sie hatten die Stadt, in der er mit seinen Eltern lebte, eingenommen. Seine Mutter war von einer Kugel getroffen worden, als sie über die Straße gelaufen war, um bei der Nachbarin ein Brot zu erbitten. Den Vater hatten sie totgeschlagen, als er sie daran hatte hindern wollen, zum dritten oder vierten Mal das Haus zu plündern, und sie sich daran machten, aus purem Mutwillen die Federbetten aufzuschlitzen.

Nachdem er über den Tod beider Eltern geweint hatte, war ihm von einem Soldaten erklärt worden, Tränen hülfen da wenig, nur mit List und Verstellung werde er selbst überleben. Als die Kaiserlichen ihn als Trossbuben hatten mitgehen heißen, hatte er, dieses Rates eingedenk, so getan, als ob ihn das freue.

In den ersten Wochen beim Heer hatte er all jene Arbeiten verrichten müssen, die Soldaten nicht gern taten: ihr Unterzeug waschen und ihre nach Schweiß stinkenden Stiefel putzen; wenn sie abends würfelten und nichts mehr zu trinken hatten, zur Marketenderin laufen und Nachschub an Branntwein herbeischaffen; Tote eingraben, den Bauern Schweine forttreiben, Hühner stehlen ... Nun, er hatte all das ohne Murren ausgeführt und so mit der Zeit das Vertrauen der Männer erlangt, ja, er war ihnen unentbehrlich geworden. Bis dann eines Abends nach jenem Gefecht, in dem ihr Trommler auf dem Feld der Ehre sein Leben ließ, ihnen beim Würfeln der Einfall gekommen war, ihn zu ihrem Trommler zu machen. Das war eine Tätigkeit, bei der man ohne Waffe in die Schlacht ging, und deswegen riss sich keiner von ihnen darum.

Jörg, dem sonst das Trommeln zugefallen wäre, wozu er sich

aber nicht bequemen wollte, weil er einmal trommelnd verwundet worden war, hatte schließlich den Auftrag erhalten, den Jungen einzuweisen. Nun aber würde Jörg in der Schlacht, die morgen bevorstand, doch wieder selbst die Trommelstöcke führen müssen.

Stoffel setzte entschlossen den Korpus der Trommel auf den Boden, strich noch einmal über die Schnüre, die von seitwärts das Fell spannten, legte die Stöcke quer über das Fell, feixte und ging in der dem Lager entgegengesetzten Richtung von dannen.

Unermüdlich lief er immer weiter und wagte nicht, eine Rast einzulegen. Überall, wohin er kam, bot sich ihm das gleiche Bild: verlassene, verbrannte Dörfer und verwüstete Äcker, auf denen erst kürzlich ein Gefecht oder eine Schlacht getobt hatte.

Seitdem ihm einmal in einer Scheune, in der er im Stroh übernachtet hatte, das Dach über dem Kopf angezündet worden war, schlief er, sofern es die Witterung zuließ, im Freien. Aber in den letzten Tagen hatte es viel geregnet und der Boden war überall durchnässt. Als nun bei Einbruch der Dämmerung eine Ortschaft vor ihm auftauchte und er sah, dass die meisten Häuser Ruinen waren, beschloss er, dort irgendwo unterzukriechen. Er entdeckte schließlich in einem der verlassenen Häuser ein Zimmer mit einem Kamin. Auch fand er Holz und Zunder. Er zündete ein Feuer an und ging dann in den Keller, um nach etwas Essbarem zu suchen. Er entdeckte nichts als ein Holzfass voller Gurken, aber da er furchtbaren Hunger hatte, stopfte er von der sauren Speise so viel in sich, bis er satt war.

Als er heraufkam und das Zimmer wieder betrat, in dem im Kamin das Feuer brannte, schrak er zusammen. Da saß jemand. Erst auf den zweiten Blick erkannte er, dass es ein kindliches Mädchen war. Als er eintrat, wandte sie sich zu ihm um und musterte ihn mit einem langen, misstrauischen Blick.

»Guten Tag«, sagte er.

Keine Antwort.

»Wie heißt du?«

Keine Antwort.

»Gibt es hier etwas zu essen?«, fragte er.

Diesmal bemerkte er ein schwaches Nicken. Sie stand auf und bewegte den Zeigefinger, zum Zeichen, dass er ihr folgen sollte.

Die Speisekammer in der Küche hatte er übersehen. Er fand Brot dort, mehrere Würste und einen Topf mit Schmalz. Die Augen fielen ihm fast aus dem Kopf.

Das Mädchen deutete auf die Flaschen, die am Boden standen. Er holte ein Glas, goss einen Schluck ein und kostete. Ein ziemlich saurer Apfelwein. Dennoch trank er hastig zwei, drei Gläser.

Bis das Mädchen ein Wort sagte, dauerte es bis zum nächsten Morgen.

Sie hatten die Nacht vor dem Kamin verbracht. Sie hatte den Kopf an Stoffels Schultern gelegt und in dieser Stellung ruhig geschlafen. Stoffel hatte ihren warmen Atem an seinem Hals gespürt.

Am Morgen, nachdem sie etwas gegessen hatten, sagte er: »Gehen wir!«

Sie schüttelte den Kopf. Der Zeigefinger wies auf den Boden. Es war klar, sie wollte bleiben.

»Nein«, sagte er. »Wenn du hier bleibst, bist du verloren.«

Sie machte eine Geste der Gleichgültigkeit.

Er runzelte die Stirn und überlegte. Schließlich sagte er: »Das Essen nehme ich mit.«

Da kam das erste Wort aus ihrem Mund.

»Wohin gehst du?«, fragte sie.

Sie hatte gesprochen. Sie konnte reden. Er hatte schon gemeint, sie sei stumm. Es kam ihm vor wie ein Wunder.

Er hob die Schultern und sagte: »Dorthin, wo es besser ist.«

Sie sah ihn lange prüfend an, dann fragte sie: »Wo ist das?«

Er machte eine unbestimmte Armbewegung.

»Ist das auch wahr?«, fragte sie.

»Wenn ich es doch sage!«

Sie lief fort und kam mit einer Bibel zurück. Sie nahm seine Hand und legte sie auf das Buch. »Schwöre es mir.«

Er zog die Hand fort und sagte: »Entweder vertraust du mir oder ich gehe eben allein.«

Sie ließ ein Stöhnen hören, dann huschte der Anflug eines Lächelns über ihr Gesicht. »Also gut«, hörte er sie sagen, »gehen wir zusammen.«

Sie wanderten viele Tage. Ihre Wanderung hatte kein anderes

Ziel, als den Krieg hinter sich zu lassen und zu überleben. Anfangs hatte er bei sich gedacht: Es ist angenehm, das Mädchen um mich zu haben. Nichts weiter. Doch dann veränderte sich etwas in seinen Empfindungen.
Es war an dem Abend, an dem sie ihm zum ersten Mal vor dem Einschlafen einen Kuss gab. Er tat kaum ein Auge zu in jener Nacht, so sehr beschäftigte ihn dieser Beweis ihrer Zuneigung.
Sie übernachteten im Freien, und wie er so wach lag, beobachtete er die Sterne. Endlich sagte er sich: Also gut, ich liebe sie. Es ist so eine Liebe, wie man sie für eine kleinere Schwester empfindet.
Es war ein starkes Empfinden in ihm, dass er sie beschützen müsse. Aber leider wusste er noch immer nicht, wohin er sie führen sollte. Inzwischen war ihm, als sei überall Krieg, und einen Fleck Erde zu erreichen, wo Frieden herrschte, sei gänzlich unmöglich.
Er dachte an sein Versprechen beim Aufbruch und kam sich wie ein Betrüger vor.
Seitdem sie die Würste und das Brot aufgegessen und die Flaschen mit dem Apfelwein ausgetrunken hatten, ging er jeden Tag erst einmal auf die Suche nach etwas zu essen und zu trinken.
Gewöhnlich ließ er das Mädchen, wenn sie sich einer Ortschaft näherten, auf dem Feld hinter einem Busch zurück und schlich sich selbst zwischen die Gehöfte. Häufig waren diese verlassen und in den Räumen fanden sich keine Nah-

rungsmittel mehr. Wohl aber konnte es geschehen, dass die Bewohner die Keller nicht ausgeräumt hatten, bevor sie geflohen waren. Einmal stahl er ein Huhn. Ein anderes Mal wurde er halb totgeschlagen, als ihn ein Bauer im Hühnerstall erwischte, wo er gerade dabei war, Eier einzusammeln. Wieder ein andermal brachte er nur ein Bund Mohrrüben mit.

Den großen Heerhaufen verstand er immer aus dem Weg zu gehen, entweder indem er sich mit der Kleinen irgendwo verbarg oder indem er sich im Eilschritt mit ihr in genau die entgegengesetzte Richtung davonmachte.

Des Nachts hatte er sich angewöhnt, über viele Stunden zu wachen und nur kurz zu schlafen, aus Furcht, es könne sich währenddessen eine Gefahr ergeben.

Das Mädchen sprach wenig. Aus ihr herauszufragen, was in der Ortschaft geschehen war, in der sie sich begegnet waren, hatte er aufgegeben.

Eines Nachmittags, am neunten Tag ihrer Wanderung, fragte sie ihn plötzlich: »Ist es noch weit?«

»Ist was noch weit?«

»Das Paradies.«

Erst wusste er nicht, was sie meinte, dann fiel ihm ein, dass er ihr vorgestern, als er merkte, dass sie nicht einschlafen konnte, das Märchen vom Schlaraffenland erzählt hatte, wo in den Bächen Milch und Honig fließen und an den Bäumen Würste und Schinken hängen. Offenbar hatte sie alles für bare Münze genommen.

Er versuchte ihr nun zu erklären, dass dies alles nur erfunden, nur ausgedacht sei, etwas, was man sich wünsche, was es jedoch in Wirklichkeit leider nicht gäbe.
»Aber warum nicht?«
Er zuckte die Achseln, denn er wusste keine Antwort.
»Aber wenn man es doch erzählt«, beharrte sie.
»Wie meinst du das?«
»Wenn man es sich erzählt, muss es doch einmal so gewesen sein.«
»Nicht unbedingt. Man wünscht es sich nur, und dann erzählt man es, als wäre es wirklich.«
»Aber einmal wird es so sein?«
»Vielleicht, wenn es sich genügend Leute wünschen.«
Sie sah ihn lächelnd an und sagte dann: »Zwei langen da nicht ... oder?«
Es schien ihm in diesem Augenblick unbedingt notwendig, ihr Mut zu machen, und wenn er auch wusste, dass er sie beschwindelte, tat er so, als überlege er, und sagte dann: »Doch, eigentlich müssten zwei reichen.«
»Nur, wo fängt das an und was müssten die zwei tun, damit es geschieht?«
»Nichts als sich lieb haben«, antwortete er rasch und errötete dabei.
»Du hast mich doch lieb, nicht wahr?«, fragte sie.
»Ja doch«, sagte er schroff.
»Also werden wir irgendwann ins Paradies kommen.«
Er wagte es nicht, ihr zu widersprechen.

Schweigend gingen sie weiter.

Es war am zehnten Tag ihrer Wanderung, als sie plötzlich bemerkten, dass ihnen eine Marschkolonne Soldaten entgegenkam.

Sie erschraken und versteckten sich sofort in einem Dickicht, das am Rand einer Wiese lag.

Sie drangen beide nur ein paar Schritte weit zwischen die Hecken und Sträucher vor. Das Gebüsch bestand aus Schwarzdornsträuchern, Brennnesseln und Brombeerhecken und hier und da einer morschen Weide. Stoffel war etwas weiter vorangekommen als das Mädchen. Als ihr die Dornenranken Arme und Beine zerkratzten, war sie stehen geblieben.

Sie meinten schon, die Gefahr sei vorbei, als sie draußen auf der Wiese drei Männer auftauchen sahen. Es waren Schwedische, was Stoffel an den großen Schlapphüten erkannte, die sie trugen.

»Sie müssen sich in dieses Gebüsch verkrochen haben, Knut«, sagte der Kleinste von ihnen zu einem der beiden anderen, einem Kerl, der einen Schmiss quer über die Wange hatte.

»Es waren ein Junge und ein Mädchen.«

»Holen wir uns das Mädchen. Ich habe lange schon kein Weiberfleisch mehr vorgesetzt bekommen«, sagte der, der seinen Säbel gezogen hatte und einen Federhut trug.

»Sie schien mir ein recht mageres Ding«, sagte Knut.

»In der Not frisst der Teufel Fliegen«, sagte der mit dem Sä-

bel und schlug auf die Ranken des Gebüsches ein, um sich einen Weg hinein zu bahnen.
Das Mädchen stand zitternd wenige Armlängen von Stoffel entfernt, sie schützte nicht wie ihn der hohle Weidenstamm, hinter den er sich gestellt hatte. Und die Männer kamen immer näher. Verdammt, dieser leuchtend rote Rock. Sie würden ihn sehen, auch wenn sie sich jetzt hingehockt hatte.
Stoffel hörte eine innere Stimme, die von ihm verlangte, das Mädchen zu schützen. Ja, aber wie?
»Komm hierher zu mir«, rief er ihr leise zu.
Tatsächlich versuchte sie, von jenem Fleck, da sie kauerte, zu dem Weidenstamm zu gelangen. Aber dazu musste sie sich aufrichten und dabei gab es von den knackenden Ästen ein Geräusch.
»Da ist die Kleine«, rief der mit dem Schmiss. »Ich habe sie zuerst gesehen. Sie gehört mir.«
»Ach was«, rief der, den sie mit Knut angeredet hatten, »wir können alle drei unseren Spaß mit ihr haben.«
»Verdammte Dornenranken«, schimpfte eine hellere Stimme.
Die Ranken und Büsche niederstampfend, drängten die drei Männer vorwärts. Von dem Mädchen trennten sie jetzt nur noch wenige Schritte. Stoffel überlegte, ob er nach einem Stein suchen oder ein Stück Holz aufheben sollte. Den Stein werfen, mit dem Prügel jedem von ihnen einen Hieb auf den Schädel versetzen.
Aber sie waren drei ausgewachsene Männer und er war ein

Junge. Sie würden rasch mit ihm fertig werden. Ich muss es trotzdem versuchen, sagte er sich.

Dann waren sie heran und griffen grölend nach dem Mädchen. Während zwei damit beschäftigt waren, das Mädchen fortzuzerren – jeder von ihnen hielt einen Arm gefasst und sie schleiften sie durch das Dickicht –, stand der Dritte wie unschlüssig da und starrte mit bösem Blick auf das, was da vorging.

Jetzt hatte Stoffel einen Knüppel in der Hand und stolperte vorwärts. Er brüllte: »Ihr Schweinehunde! Lasst sie los! Loslassen! Christliche Krieger wollt ihr sein, Schweinehunde seid ihr. Bestien!«

Einer der beiden, die das Mädchen fortschleppten, wandte sich kurz zu dem Dritten um und rief ihm zu: »Schaff uns den Jungen vom Leib!«

Der Dritte schien ganz gelassen, ohne Eifer. Stoffel und er standen sich so nahe gegenüber, dass der Junge den Atem des Mannes spürte.

»Den Knüppel fort! Und verzieh dich! Dann wird dir nichts geschehen«, sagte der Schwedische.

Stoffel sprang zur Seite, er wollte den beiden anderen nach, die das Mädchen inzwischen schon auf die Wiese geschleift hatten. Der Mann, mit dem er es zu tun gehabt hatte, machte drei große Sätze, dann war er, für Stoffel überraschend, unmittelbar hinter ihm.

Ein fürchterlicher Hieb traf den Jungen. In dem Augenblick, da ihn der Schmerz durchfuhr, dachte Stoffel: Er hat mit dem flachen Säbel zugeschlagen ... Dann verlor er die Sinne.

Der Junge wusste nicht, wie viel Zeit vergangen war, als ihn das Gefühl eines heftigen Schmerzes im Hinterkopf wieder zu sich kommen ließ. Er griff sich mit der Hand an den Hinterkopf und spürte getrocknetes Blut. Er zwang sich, zum Himmel aufzublicken, und sah, dass es zu dunkeln begann. Begleitet von einem Gefühl der Sinnlosigkeit, schickte er sich an, durch das Dickicht zur Wiese hin voranzukommen. Bei jedem Schritt spürte er einen dumpfen Schmerz in seinem Schädel, der so heftig war, dass er sich fast erbrechen musste. Dann trat er aus dem Dickicht. Und da lag sie ... mitten in der Wiese. Sie war nackt und er wusste sofort, dass kein Leben mehr in ihr war.

Er wandte sich ab, weil nun der Schmerz von dem Schlag und das Weh über ihren Tod in seinem Körper zusammentrafen. Er taumelte.

Dann, fort von der Leiche des Mädchens in den sich verdunkelnden Himmel blickend, als könne er von dort einen Rat bekommen, fiel ihm wieder ein, was im ersten Moment in ihm aufgeblitzt war, was dann aber der Schmerz wieder ausgelöscht hatte: Er musste das Mädchen begraben.

Aber wo sollte er einen Spaten hernehmen? Er sah sich auf den Knien und mit den Fingern das Erdreich aufkratzen. Aber damit würde er nicht weit kommen. Deshalb begann er, nach Steinen zu suchen. Am Rand des Dickichts fand er einige, aber nicht genug. Er dehnte seine Suche über die gan-

ze Wiese aus. Endlich fand er einen ganzen Haufen Steine, der wohl während der Heumahd dort zusammengetragen worden war.
Als die Steine den kleinen, geschändeten Körper und auch den Kopf mit dem wächsern-bleichen Gesicht und den abweisend geschlossenen Augen bedeckten, sprach der Junge ein Gebet. Und wieder fasste er den Entschluss fortzugehen. Dorthin, wo Menschen in Frieden leben, ging es ihm durch den Kopf.
»… das Paradies suchen«, sagte er mit einem traurigen Lächeln und tat den ersten Schritt.

Hans Jakob Christoffel von Grimmelshausen
* 17.3.1622 in Gelnhausen, ✝ 17.8.1676 in Renchen

Hans Jakob Christoffel von Grimmelshausen wird (vermutlich) am 17. März 1622 in Gelnhausen bei Hanau im Hessischen geboren. Ganz genau kennen wir das Geburtsdatum nicht. Überhaupt wissen wir nicht sehr viel über den größten deutschen Erzähler des 17. Jahrhunderts. Er stammt aus einer adligen Familie. Wahrscheinlich legt die Familie den Adelstitel ab, weil sie einen bürgerlichen Beruf ausübt.
Von 1627 bis 1634 besucht Grimmelshausen die lutherische

Lateinschule in Gelnhausen. 1634 wird Gelnhausen von Truppen geplündert. Vermutlich wird der zwölfjährige Junge von den Soldaten verschleppt. Er nimmt an verschiedenen kriegerischen Aktionen teil. 1639 ist er zunächst Soldat, später dann Schreiber im Regiment von Schauenburg in Offenburg. Im Jahre 1648 ist er wahrscheinlich am bayerischen Feldzug des Regiments Elter beteiligt.

In den Dreißigjährigen Krieg, der von 1618 bis 1648 dauert, sind fast alle Länder Zentraleuropas verwickelt. Er beginnt mit einer Auseinandersetzung zwischen den katholischen und den protestantischen Fürsten des deutschen Reiches.

Offenbar bildet Grimmelshausen sich in der Kanzlei des Hans Reinhard von Schauenburg weiter. 1648 lebt er als Verwalter und Beamter am Oberrhein. Grimmelshausen ist wahrscheinlich Protestant. Als er 1649 heiratet, tritt er zum Katholizismus über.

Er schlägt sich zeitweise als Gastwirt durch und dient von 1662 bis 1663 als Burgvogt auf der Ullenburg. Die Burg gehört dem Straßburger Arzt Johannes Küffer. Ab 1667 steht Grimmelshausen in den Diensten des Straßburger Bischofs.

In seinem Hauptwerk *Der abenteuerliche Simplicissimus* schildert Hans Jakob Christoffel von Grimmelshausen mit größter Unmittelbarkeit die wilde Lebenslust und die Schrecknisse des Dreißigjährigen Krieges. Der Roman erscheint in mehreren Bänden ab 1668 und erlebt innerhalb kurzer Zeit mehrere Auflagen und Nachdrucke.

In den Jahren darauf schreibt Grimmelshausen unter anderem die *Lebensbeschreibung der Ertzbetrügerin und Landstörtzerin Courache* und *Der seltsame Springinsfeld*. 1672 und 1675 erscheinen die Romane *Vogel-Nest I* und *Vogel-Nest II*. Man nennt diese Romane die Simplicianischen Schriften. Ihre Handlungen stehen alle miteinander in Verbindung.

Hans Jakob Christoffel von Grimmelshausen stirbt am 17. August 1676 in Renchen, nördlich von Offenburg.

Lesevorschlag:

Die ursprüngliche Fassung des *Simplicissimus* ist für heutige Leserinnen und Leser wegen der ungewohnten Sprache nicht ganz leicht zu lesen. Aber es gibt verschiedene bearbeitete Fassungen, deren Lektüre ebenfalls lohnt.

Besichtigungstipp:

Im hessischen Gelnhausen, in der Schmidtgasse 12, ist noch heute das Geburtshaus von Grimmelshausen zu sehen; der ehemalige Gasthof »Weißer Ochse« heißt jetzt »Grimmelshausen-Hotel«.

Über Gotthold Ephraim Lessing
Harald Tondern

»Ich möchte tanzen lernen«

»Dann also bis morgen Abend«, sagte Mylius. Er tippte sich unternehmungslustig an den Hut. »Ich hole dich ab. Und versuche ja nicht, mich wieder mit einer Ausrede abzuspeisen.«
Als es Lessing endlich gelungen war, den späten Besucher aus seiner Kammer hinauszukomplimentieren, setzte er sich gleich wieder an den Tisch und beugte sich über das alte Buch, in dem er gelesen hatte. Fast eine halbe Stunde hatte er verloren. Er würde heute länger aufbleiben müssen, wenn er sein Pensum noch schaffen wollte.
Mehrere Minuten lang sah er auf die griechischen Buchstaben auf dem vergilbten Papier, las sie wieder und wieder und merkte schließlich, dass er nichts aufnahm von dem Text.
Er schob das Buch so ärgerlich von sich, dass er dabei zwei andere Bände vom Tisch stieß. Polternd landeten sie auf dem Fußboden.
Lessing sprang sofort vom Stuhl auf, hob die Bücher auf und warf sie unwillig auf das kleine Bord neben der Tür. Er war schon fast wieder am Tisch, als er plötzlich zögerte, noch einmal zum Bord zurückkehrte, die Bücher nacheinander in die Hand nahm und sie untersuchte. Beides waren schwere, dunkle Bände mit braunem Lederrücken. Bei dem einen

Buch waren einige Seiten umgeknickt. Lessing glättete sie behutsam.

Als er den Band zurücklegte, fiel sein Blick auf das halbstumpfe Spiegelstück an der Wand neben dem Bord. Ein blasses, junges Gesicht mit dunklen Ringen unter den brennenden Augen sah ihn an, das Gesicht eines übermüdeten Stubenhockers.

Wie hatte sein Vetter ihn eben genannt? Einen weltfremden jungen Gelehrten, der sich nur in seinen Büchern auskenne und keine Ahnung davon habe, was draußen in der Stadt vor sich gehe.

Aber das sei es doch, worauf es wirklich ankomme, hatte Gotthold Ephraim Lessing ärgerlich erwidert. Dass man sich zu einem Wissenden ausbilde. Dass man die alten Griechen und Römer lese und sich so immer weiter fortbilde, bis man endlich genug wisse, dass man selber Bücher schreiben könne.

»Und die Menschen?«, hatte Christlob Mylius gefragt. »Du bist jetzt anderthalb Jahre hier. Heraus damit! Mit wie vielen Leipzigern hast du überhaupt schon geredet?«

Viele waren es nicht, das hatte Lessing gern zugegeben. Aber was tat's?

»Ein Gelehrter, wie ich es bin«, hatte er selbstbewusst geantwortet, »hat doch mit den Leipzigern nichts zu tun. Was geht mich Leipzig an? Ein Gelehrter ist in der ganzen Welt zu Hause. Er ist ein Kosmopolit: Er ist eine Sonne, die den ganzen Erdball erleuchten muss.«

Mylius hatte gelacht. »So wie dein Vater, was? Der gelehrte Herr Oberprediger in Kamenz?«

»Ja«, hatte Lessing gesagt. »Genau so!« Und er hatte es ganz ernst gemeint.

Aber nun, da er wieder allein war und sein bleiches Stubenhockergesicht im Spiegel betrachtete, fragte er sich, ob da nicht ein spöttischer Unterton in Mylius' Stimme mitgeschwungen hatte. Der Vetter war ein Freigeist. Zu Hause in Kamenz war er bekannt für seine lose Zunge. Er hatte es mehr als einmal an der gebotenen Ehrerbietung gegenüber dem Bürgermeister und anderen Respektspersonen fehlen lassen. Es war sogar schon die Rede davon gewesen, dass Mylius seine frechen Sprüche gegen die Obrigkeit in den nächsten Semesterferien im städtischen Arrest werde büßen müssen.

Christlob Mylius war sieben Jahre älter als Lessing. Auch er war ein Pastorensohn. Aber Mylius hatte sich sehr verändert, seit er aus Kamenz fort war. Er schrieb für Zeitungen, besuchte Kneipen und hatte hohe Spielschulden, wie man hörte. Insgeheim, gestand Lessing sich jetzt widerstrebend ein, beneidete er den Vetter sogar ein wenig um die Weltläufigkeit und Wendigkeit, mit der er sich in Leipzig bewegte. Lessing kam sich neben ihm manchmal wie ein schüchterner Bauerntölpel vor.

Aber genug geträumt!

Er setzte sich wieder an den Tisch und beugte sich über sein Buch. Doch seine Gedanken schweiften erneut ab. Jetzt sah er seinen Vater beim Predigen vor sich, wie er ihn bei seinem letzten Besuch in Kamenz auf der Kanzel gesehen hatte. Wortgewaltig hatte der Vater seinen Zorn auf die Gemeinde entladen, wie jeden Sonntag. Aber hinter den hitzigen Worten des Vaters war, wie Lessing nun plötzlich entdeckte, noch etwas anderes verborgen gewesen: Resignation.

Im ersten Moment wollte Lessing dieses Wort schnell wieder beiseite schieben, es dorthin zurückverbannen, woher es so plötzlich aufgestiegen war. Aber dann kam ihm ein anderer Gedanke: Und wenn dieses Wort nun ein Schlüssel wäre? Ein Schlüssel, den er mit beiden Händen ergreifen musste, wenn es ihm selbst nicht genauso ergehen sollte wie dem Vater?

Denn mit dem Vater war etwas geschehen in den letzten Jahren. Er hatte sich sehr verändert. Lessing hatte das vielleicht nur deshalb nicht gleich mitbekommen, weil er so selten zu Hause gewesen war.

Früher hatte der Vater oft bis tief in die Nacht bei Kerzenschein in seinem Studierzimmer gesessen. Schon als Fünf- oder Sechsjähriger hatte Lessing morgens immer genau gewusst, woran der Vater des Nachts gearbeitet hatte. Wenn er mit einem zufriedenen Lächeln in die Küche gekommen war, hatte er theologische Schriften übersetzt. Rieb er sich aber beim Hereinkommen dazu noch vergnügt die Hände, dann hatte er selbst gedichtet, hatte geistliche Lieder oder Gedichte geschrieben.

Die Geschwister hatten oft gestöhnt, wenn die Mutter sie

wieder ermahnte: »Wehe, ihr muckst euch! Der Vater arbeitet!«
Lessing hatte es sogar Spaß gemacht, auf Zehenspitzen durchs Pfarrhaus zu schleichen. Später, hatte er sich damals vorgestellt, würden seine eigenen Kinder auch einmal so durchs Haus gehen, wenn er arbeitete. Der Gedanke hatte ihm gefallen.
Es gab in Kamenz ein Gemälde, das ihn zusammen mit seinem Bruder Theophilus zeigte. Sie waren auf dem Bild beide fein herausgeputzt, mit Spitzen an den Hemden und großen Aufschlägen an den Jackenärmeln. Theophilus streichelte ein weißes Lamm, das zu ihm aufschaute. Ihn selbst aber hatte der Künstler, an dessen Namen Lessing sich nicht mehr erinnern konnte, als kleinen Gelehrten gemalt, mit einem aufgeschlagenen Buch auf dem Schoß, während seine linke Hand schon eifrig nach dem nächsten Band griff.
Sieben war er gewesen, als dieses Gemälde entstand. Er hatte sich damals geweigert, das Buch nach den Sitzungen wieder herzugeben. Er hatte darauf bestanden, es durchzulesen. Sonst hätte er das als unehrlich empfunden. Man kann sich doch nicht mit einem Buch malen lassen, das man gar nicht gelesen hat.
Die anderen drei Bände, die auch noch auf dem Gemälde zu sehen waren, hatte er dann aber nicht lesen können. Zwei waren auf Latein und eines auf Griechisch geschrieben. Stundenlang hatte er über den geheimnisvollen Texten gehockt und sie zu entziffern versucht. Schließlich hatte sein Vater

ihm ein anderes Buch aus der Bibliothek gebracht. Sonst hätte er in seinem Zorn über sein Unvermögen die Bücher womöglich noch in die Ecke gepfeffert.
Schon damals hatte er diesen hitzigen Charakter gehabt. Aber er hatte lernen müssen, seine Ungeduld zu beherrschen, besonders wenn dabei Bücher aus der väterlichen Bibliothek Schaden zu nehmen drohten. Denn sosehr der Vater es förderte, dass seine Kinder lasen, so sehr achtete er darauf, dass seine in teures Leder gebundenen Bände wie seltene Kostbarkeiten behandelt wurden.
Lessing hatte lange Zeit geglaubt, alle seine Geschwister seien so vernarrt in Bücher wie er. Er hatte sich gar nichts anderes vorstellen können. Erst spät hatte er entdeckt, dass seine Schwester Dorothea sich nie ein Buch aus der Bibliothek des Vaters auslieh. Dorothea schrieb auch nicht gern. Einmal hatte er deswegen einen Mahnbrief an die Schwester gerichtet:
»Ich habe zwar an Dich geschrieben, allein Du hast nicht geantwortet, ich muß also denken, entweder Du kannst nicht schreiben, oder Du willst nicht schreiben. Und fast wollte ich das erste behaupten. Jedoch ich will auch das andere glauben; Du willst nicht schreiben. Beides ist strafbar.«
Fünfzehn war er damals gewesen. Drei Jahre zuvor, 1741, war er nach Meißen gekommen, auf das Gymnasium Sankt Afra, die berühmte Fürstenschule. In dem alten, düsteren Gebäude, das wie eine Kaserne aussah, waren sie in strenger Zucht gehalten worden und die Kost war erbärmlich gewe-

sen. Viele seiner Mitschüler hatte das verschreckt, ihn aber nicht im Geringsten.

Lessing hatte all diese Bedrängnisse in Wirklichkeit kaum wahrgenommen. Er hatte sich auf Religion gestürzt, das Hauptfach in Sankt Afra, und sich gefreut, dass er endlich Latein und Griechisch lernen durfte. Nebenbei hatte er freiwillig noch Französisch und Mathematik studiert und deutsche Dichter in Vers und Prosa nachgeahmt. Sein Eifer beeindruckte sogar die Lehrer. Einer schrieb über ihn: »Es gibt kein Gebiet der Gelehrsamkeit, das sein rühriger Geist nicht begehrte und ergriffe; nur muß er bisweilen von einer das rechte Maß überschreitenden Zersplitterung zurückgehalten werden.«

Lessing lächelte, als er sich jetzt daran erinnerte. Natürlich hatte er sich nicht zurückhalten lassen. Im Gegenteil. Nicht einmal, als Krieg ausbrach und das preußische Heer das sächsische Meißen mit Kanonen beschoss, hatte er seine Studien unterbrochen. Die Preußen siegten und ihre Armeen zogen, mit dem preußischen König an der Spitze, in die Stadt ein. Meißen wurde zum Heerlager. »Es sieht aber wohl in der ganzen Stadt, in Betrachtung seiner vorigen Umstände, kein Ort erbärmlicher aus als unsere Schule«, schrieb Lessing an den Vater.

Und das war noch beschönigend ausgedrückt. Das Gymnasium war zweckentfremdet worden und diente als Lazarett. In den Unterrichtsräumen, auf den Fluren, in jedem Winkel lagen stöhnende und sterbende Soldaten auf dem rasch aus-

gebreiteten Stroh. Aber seltsamerweise hatte ihn dieses Grauen bei weitem nicht so beeindruckt wie ein anderer Vorfall, der sich dagegen fast nebensächlich ausnahm.
Der Rektor hatte ihn eines Nachmittags mit einem eiligen Brief in den Nachbarort geschickt. Als Lessing nach Meißen zurückkehrte, war es schon dunkel. Er kam an einer Menschenansammlung vorbei und wollte schon einen Bogen um die teils grölende, teils lachende Menge machen, als plötzlich eine so andächtige Stille eintrat, dass Lessing neugierig wurde und näher ging. Eine Wanderbühne gab eine Vorstellung. Eine junge Dame, die als Komtess angesprochen wurde, bereitete, während ihr Geliebter, der Herzog, ihr erklärte, warum er aus Staatsräson eine andere heiraten müsse, einen Gifttrank zu und leerte den Becher dann mit der Versicherung, dass sie den Herzog ewig lieben würde.
Lessing war fasziniert. Er ging so nah an die Bühne, dass er alles so genau wie möglich beobachten konnte.
Als das Stück zu Ende war, verweilte er noch einige Zeit, ohne besonderen Grund eigentlich. Als er dann schließlich doch ging, kam er an einem Gebüsch vorbei und bemerkte eine Frau, die dort im Gras hockte und ihre Notdurft verrichtete. Weil sie die Röcke hochgeschlagen hatte, erkannte er die Frau nicht sogleich. Es war die Frau, die ihn vorhin auf der Bühne mit ihrer Schauspielkunst beeindruckt hatte, die Komtess. Als sich ihre Blicke trafen, lächelte sie ihn freimütig an und er erwiderte ihr Lächeln. Aber dann ging er hastig weiter, in die Schule zurück.

Nach diesem Erlebnis, an das er lange nicht mehr gedacht hatte, war die Schulzeit für ihn bald zu Ende gewesen. Seine Lehrer hatten sowieso nicht mehr viel mit dem hoch begabten Schüler anfangen können. Also wurde ihm das letzte Schuljahr erlassen.

Er war nach Leipzig gezogen. Im September 1746 hatte er das Theologiestudium begonnen. Aber die Theologie hatte ihn schon bald nicht mehr fesseln können. Er hatte Vorlesungen in Philologie, Mathematik, Archäologie, Geschichte und sogar Chemie besucht. Den Rest der Zeit hatte er wieder über den Büchern gesessen.

Mit welchem Ergebnis?

Sicher, er wusste mehr als damals, als er aus Kamenz aufbrach. Viel mehr wusste er. Er hatte seine Kenntnisse in den Wissenschaften vertieft.

Aber hatte ihn das wirklich weitergebracht?

Er dachte daran, wie sein Vater bei seinem letzten Besuch zu Hause eines Morgens mit freudlosem Gesicht in der Küche zum Frühstück erschienen war.

Was er denn in letzter Zeit an Gedichten und Liedern geschrieben habe, hatte sich Lessing erkundigt.

Er hatte keine Antwort erhalten. Der Vater hatte etwas Unverständliches in sich hineingebrummt, hatte mit plötzlich aufwallendem Ärger seinen Stuhl zurückgeschoben und die Küche wieder verlassen.

Später hatte Lessing von der Mutter gehört: »Er schreibt nichts mehr. Er übersetzt nur noch.«

Schon da hatte Lessing die Resignation seines Vaters bemerkt. Er hatte sie nur nicht wahrhaben wollen.
Lessing begann im Zimmer auf und ab zu schreiten, drei Schritte zum Fenster hin, drei wieder zurück zur Tür. Und bei jedem Gang stieß er sich die Hüfte am Tisch, so eng war das Zimmer.
Plötzlich blieb er stehen und starrte in den Spiegel an der Wand neben dem Bücherbrett.
Ihm war, als sehe er zu, wie sich sein Gesicht im Spiegel veränderte, sah, wie seine Haut schlaffer und faltiger wurde, wie sein Haaransatz weiter nach oben wanderte, wie die Tränensäcke unter den Augen größer wurden. Und gleichzeitig lebte er in seiner Phantasie sein künftiges Leben, sah sich als Prediger in irgendeinem sächsischen Pfarrhaus versauern, mit einer Frau an seiner Seite, die ihm ein Dutzend Kinder gebar und ihm zugleich die tägliche Sorge auflud, wie er Weib und Kinder wohl satt bekommen sollte von den erbärmlichen Einnahmen. Ganz so, wie er es zu Hause in Kamenz kennen gelernt hatte. Was für ein elendes Leben!
Mit einer heftigen Bewegung fuhr er herum und wischte das Buch, in dem er gearbeitet hatte, vom Tisch.
Schon im nächsten Moment war er auf den Knien, hob den Band wieder auf und legte ihn auf den Tisch zurück.
Nein, ganz ohne Bücher wollte er auch nicht leben, konnte es wahrscheinlich auch gar nicht. Er brauchte Bücher.
Aber er musste einen Weg finden, der ihm das Pfarrhaus-Elend ersparte. Auf keinen Fall wollte er so enden wie sein

Vater. Mylius fiel ihm wieder ein. Vielleicht hatte der Vetter ja Recht. Vielleicht musste man sich dem Leben dort draußen aussetzen, wenn man nicht später an seinen unerfüllten Hoffnungen ersticken wollte.
Als Christlob Mylius am nächsten Abend an Lessings Zimmertür klopfte, erwartete er, dass Lessing ihm mit neuen Ausflüchten kommen würde.
Aber Lessing war ausgehfertig.
»Womit fangen wir an?«, fragte er unternehmungslustig. »Ich will alles lernen, was man in dieser Welt können muss.«
»Alles?« Mylius lachte erfreut.
»Zum Beispiel möchte ich tanzen lernen«, sagte Lessing entschlossen. »Und fechten will ich und reiten.«

Gotthold Ephraim Lessing
* 22.1.1729 in Kamenz (Sachsen),
✝ 15.2.1781 in Braunschweig

Gotthold Ephraim Lessing wird am 22. Januar 1729 als Sohn des Pfarrers Johann Gottfried Lessing und seiner Frau Justine Salome Feller in der Kleinstadt Kamenz in Sachsen geboren. Mit zwölf kommt Lessing auf die Fürstenschule Sankt Afra in Meißen. Von dort geht er 1746, ein Jahr früher als üblich, auf die Universität in Leipzig, wo er Theologie und Philologie studiert.

Lessing beginnt früh zu schreiben. Schon 1747 erscheinen erste Gedichte und Erzählungen des Achtzehnjährigen in Zeitschriften, die sein Vetter Christlob Mylius herausgibt. Es entstehen die Lustspiele *Damon*, *Der junge Gelehrte* und *Mysogyn*. Die Neubersche Theatertruppe führt *Der junge Gelehrte* in Leipzig auf und macht den Neunzehnjährigen mit einem Schlag in der Szene berühmt. Lessing, der bis dahin eher zurückgezogen gelebt hat, beginnt in Schauspielerkreisen zu verkehren, besucht Kneipen, setzt sich an den Spieltisch und macht Schulden.

Als die strenggläubigen Eltern von dem neuen Lebenswandel ihres Sohnes erfahren, ruft ihn der Vater mit der Notlüge, die Mutter sei tödlich erkrankt, nach Hause zurück. Lessing soll den nach ihrer Meinung gefährlichen Umgang mit dem weltgewandten Mylius aufgeben. Aber Lessing lässt sich nicht einschüchtern. Er kehrt an die Universität zurück, studiert zusätzlich Medizin und beschließt 1748, sein Geld als freier Schriftsteller zu verdienen.

Noch im selben Jahr geht er nach Berlin, schreibt dort Kritiken für die *Berlinische Priviligierte Zeitung* und übernimmt später von seinem Vetter Mylius die Redaktion des *Gelehrten Artikels*. Aber er schreibt auch weiter Theaterstücke. Es entstehen *Die Juden*, *Der Freigeist* und *Samuel Henzi*. 1750 folgt seine erste theologische Schrift, *Gedanken über die Herrnhuter*.

Im Jahr darauf kehrt Lessing noch einmal an die Universität zurück. In Wittenberg schließt er das Studium mit der Magisterpromotion ab und geht anschließend wieder nach Berlin. Er ist so produktiv, dass von 1753 bis 1755 eine sechsteilige Sammlung von *Lessings Schriften mit Gedichten, Briefen und Lustspielen* erscheinen kann.

Lessing ist nun sechsundzwanzig Jahre alt. Er unternimmt Reisen nach Potsdam und Frankfurt an der Oder, lebt zeitweilig wieder in Leipzig, lernt viele große Geister seiner Zeit kennen und wird 1760 zum auswärtigen Mitglied der Berliner Akademie der Wissenschaften gewählt. Sein Weg scheint vorgezeichnet.

Doch Gotthold Ephraim Lessing verblüfft seine Zeitgenossen erneut. Er wirft alles hin und geht als Gouvernementssekretär nach Breslau, wo er unter dem General von Tauent-

zien in der Verwaltung der eroberten Stadt arbeitet. Diese Tätigkeit lässt ihm genug Zeit für seine wissenschaftlichen Studien und geselligen Umgang, aber auch fürs Glücksspiel, das er leidenschaftlich betreibt. Vor allem jedoch verdient er endlich ausreichend Geld, so dass er sich eine stattliche Bibliothek zulegen und nebenbei noch die Ausbildung seiner jüngeren Brüder finanzieren kann.
Fünf Jahre hält Lessing dieses gesicherte Leben im Breslauer Kriegslager aus. Dann kehrt er nach Berlin zurück, schreibt den *Laokoon* und verwertet seine Soldatenerfahrungen für sein Stück *Minna von Barnhelm*. 1767 ruft man ihn nach Hamburg. Dort ist ein Theater gegründet worden. Lessing wird der Dramaturg der Bühne und schreibt die *Hamburgische Dramaturgie*. Nebenbei gründet er zusammen mit Johann Christoph Bode, der auch der Verleger des *Wandsbecker Bothen* ist, eine Druckerei, die den Schriftstellern zu höheren Honoraren für ihre Bücher verhelfen soll. Lessing verkauft seine Bibliothek, um das nötige Kapital zu beschaffen. Jedoch schlägt das Unternehmen fehl. Auch das Hamburger Nationaltheater scheitert. Lessing verlässt Hamburg und wird Bibliothekar in Wolfenbüttel.
Er hofft, dass ihm der Herzog das Gehalt bald erhöht, so dass er endlich eine Frau und eine Familie ernähren kann. Aber die Jahre vergehen. Erst 1776 kann Lessing Eva König heiraten, die Hamburgerin, mit der er sich schon 1771 verlobt hat. Ein Jahr später wird ein Sohn geboren, der schon am folgenden Tag stirbt. Am 31. Dezember 1777 schreibt

Lessing an einen Freund: »Meine Freude war nur kurz: Und ich verlor ihn so ungern, diesen Sohn! denn er hatte so viel Verstand! so viel Verstand! – Glauben Sie nicht, daß die wenigen Stunden meiner Vaterschaft mich schon zu einem Affen von Vater gemacht haben! Ich weiß, was ich sage. – War es nicht Verstand, daß man ihn mit eisern Zangen auf die Welt ziehen mußte? daß er so bald Unrat merkte? – War es nicht Verstand, daß er die erste Gelegenheit ergriff, sich wieder davonzumachen? – Freilich zerrt mir der kleine Ruschelkopf auch die Mutter mit fort! Denn noch ist wenig Hoffnung, daß ich sie behalten werde. – Ich wollte es auch einmal so gut haben wie andere Menschen! Aber es ist mir schlecht bekommen.«

Zehn Tage später schreibt er dem Freund einen zweiten Brief: »Meine Frau ist tot; und diese Erfahrung habe ich nun auch gemacht.«

Inzwischen, 1772, hat Lessing das Drama *Emilia Galotti* geschrieben. 1779 folgt sein wohl berühmtestes Bühnenstück *Nathan der Weise*.

Am 15. Februar 1781 stirbt Gotthold Ephraim Lessing in Braunschweig. Er »entschlummert mit lächelndem Blick«.

Lesevorschlag:

Zum Einstimmen könnte man einige der Fabeln lesen, etwa *Der Esel und der Wolf*, *Der Löwe mit dem Esel* und *Der Rabe und der Fuchs*.

Von den Theaterstücken sind besonders *Emilia Galotti* und *Nathan der Weise* sehr empfehlenswert. Wenn möglich, sollte man sich beide Stücke auch auf der Bühne ansehen.

👁 **Besichtigungstipps:**

In Wolfenbüttel bei Braunschweig kann man das Haus (Schlossplatz Nr. 5) besichtigen, in dem Gotthold Ephraim Lessing von 1770 bis 1776 wohnte und in dem er sein berühmtes Drama *Emilia Galotti* geschrieben hat.
Ebenfalls in Wolfenbüttel lohnt ein Besuch im Lessinghaus, wo es eine Ausstellung mit vielen Dokumenten zu Lessings Leben und Werk gibt. Das Lessinghaus liegt zwischen Schloss und Herzog-August-Bibliothek.
Lessings Grab kann man auf dem schönen Braunschweiger Domfriedhof an der Stadthalle besuchen.

Über Matthias Claudius
Harald Tondern

»Ich war wohl klug, dass ich dich fand ...«

Der junge Mann, der an diesem grauen Herbstnachmittag des Jahres 1770 die Chaussee von Hamburg heraufkam, war gerade dreißig geworden. Er schritt schnell und beschwingt über das Kopfsteinpflaster. Seine Gedanken waren schon in das Dorf vorausgeeilt, dessen bleistiftdünner Kirchturm vor ihm die kahlen Baumkronen überragte.
Am Vormittag hatte es noch geregnet. Matthias hatte gezögert, ob er bei diesem Wetter den einstündigen Fußmarsch nach Wandsbeck riskieren konnte. Jetzt war er froh, dass er aufgebrochen war. Im grauen Himmel öffnete sich ein blaues Loch und ein einsamer Sonnenstrahl ließ die feuchte Erde erglänzen. Wie als Antwort darauf stieg von dem abgeernteten Getreidefeld neben der Landstraße eine Lerche aus den Stoppeln auf und schmetterte ihr frohes Lied.
Matthias blieb stehen und hörte dem Vogel zu. Fast zwei Jahre lang hatte er diese Freuden der Natur in der Freien und Hansestadt Hamburg vermisst. Aber bald würde das Stadtleben hinter ihm liegen. In Wandsbeck würde er endlich wieder frei atmen können. Er würde sein eigenes Haus haben, mit einem eigenen Garten dahinter.
Das Dorf gefiel ihm schon jetzt. Es lag an einem lieblichen Wald, hatte nicht viel mehr als hundert Häuser und wohl an

die neunhundert Einwohner. Auf einer Wiese vor ihm sah Matthias, wie Mädchen große, bunte Stoffbahnen im Gras auslegten. Die Baumwollstoffe waren in einer der drei Kattunfabriken des Dorfes gefärbt worden und mussten nun unter freiem Himmel trocknen.

Wandsbeck war zu jener Zeit ein adliges Gut, das dem Grafen von Schimmelmann gehörte, der dort ein stattliches Schloss besaß. Auf seinem kurzen Weg auf der Landstraße hatte Matthias die Grenze passieren müssen. Wandsbeck unterstand der dänischen Krone, genau wie Altona, damals nach der Hauptstadt Kopenhagen immerhin die zweitgrößte Stadt Dänemarks.

Neben den Kattunfabriken gab es in Wandsbeck eine Buchdruckerei. Sie war der eigentliche Grund dafür, dass Matthias Claudius heute auf der Landstraße unterwegs war. Der Graf von Schimmelmann, der während des Siebenjährigen Krieges in Sachsen reich geworden war, hatte beschlossen, etwas für die »Gesittung und Aufklärung« seiner Dörfler zu tun. Dazu sollte in der örtlichen Druckerei eine neue Zeitung gedruckt werden, der *Wandsbecker Bothe*. Den Text für das Blatt sollte der junge Mann aus Hamburg liefern.

Aber zuerst den Schlüssel!

Der Graf hatte Matthias Claudius ausrichten lassen, dass der Schlüssel zu seinem künftigen Haus beim Zimmermeister und Gastwirt Behn hinterlegt sei. Dort könne er ihn sich abholen.

Doch als Matthias an die Tür der kleinen Gastwirtschaft

kam, fand er sie verschlossen. Ungeduldig schlug er mit der Faust gegen das Holz. »Ist da jemand?«
Nichts rührte sich.
Matthias warf einen Blick sah zum Nachbarhaus hinüber, einem strohgedeckten Fachwerkhaus mit zwei großen Scheunentoren. Sicher wusste man dort, wo der Zimmermeister Behn heute arbeitete.
»Die Gaststube ist noch geschlossen«, rief eine Mädchenstimme.
Hinter der kleinen, grünen Pforte, die in den Garten führte, war eine junge Frau, vielleicht auch ein Mädchen noch, erschienen. In ihren vom kalten Spülwasser geröteten Händen hielt sie ein zusammengerolltes weißes Bettlaken oder Tischtuch. Daraus tropfte es auf ihre bloßen Füße. Er hatte sie wohl beim Wäscheaufhängen gestört.
Er sei kein verfrühter Zecher, erklärte Matthias freundlich. Er wolle nur seinen Schlüssel abholen.
Das von dunklen Locken umrahmte Gesicht des Mädchens wurde neugierig. »Dann müssen Sie der aus Hamburg sein, der Herr Redakteur.«
Der Besucher verbeugte sich vor ihr, ganz so, wie er es einst vor den feinen Damen in der Hauptstadt Kopenhagen gemacht hatte, als er dort fast zwei Jahre lang Sekretär des Grafen Holstein gewesen war, und stellte sich vor.
Das Mädchen errötete.
»Anna Rebekka Behn«, antwortete sie verlegen. Der Gastwirt und Zimmermann Behn sei ihr Vater. Schnell fügte sie

hinzu: »Ach ja, Ihr Schlüssel, er hängt in dem Fach in der Gaststube. Ich laufe hinein und schließe Ihnen die Vordertür auf.«

Aber davon wollte er nichts wissen. Er könne genauso gut mit ihr durch den Garten ins Haus gehen, wenn ihr das nichts ausmache.

Sie kamen an dem großen Weidenkorb mit der frisch gewaschenen Wäsche vorbei, den Rebekka ins Gras gestellt hatte, als sie das Klopfen an der Haustür hörte.

Das junge Mädchen sandte einen besorgten Blick zum Herbsthimmel hinauf.

»Wenn das bis heute Abend noch trocken werden soll«, sagte Matthias, »muss es aber schnell auf die Leine.« Und ordentlich auswringen müsse man die Sachen natürlich auch.

Bevor das Mädchen es sich versah, hatte der Gast ihr das eine Ende des Bettlakens aus der Hand genommen. Während er einige Schritte rückwärts ging, begann er schon, das Laken zu drehen. Plötzlich hielt er inne. »Andersherum!«, sagte er.

Natürlich passierte wieder dasselbe wie beim ersten Mal. Sie drehten das tropfende Laken beide in dieselbe Richtung, nur diesmal zur anderen Seite.

»Nein, so doch nicht!«, rief er.

Sie ließ ihr Ende des Lakens sinken und sah ihn über das tropfende Wäschestück hinweg an. »Stadtmenschen!«, sagte sie ärgerlich und hätte beinahe hinzugefügt: »Wissen natürlich alles besser!« Erschrocken presste sie die Lippen zusammen. Jetzt war sie wohl zu weit gegangen.

Doch der Besucher lachte. Er sei gar kein Stadtmensch, versicherte er. Er habe zwar einige Jahre in Städten gelebt. In Jena zuerst, dort habe er studiert, dann zwei Jahre in Kopenhagen und zuletzt in Hamburg. Den allergrößten Teil seines Lebens aber habe er auf dem Dorf verbracht, gar nicht weit von hier übrigens, in Reinfeld bei Lübeck. Sein Vater sei dort Pfarrer.

Um ein Haar hätte er hinzugefügt, dass er sich nach seinen Aufenthalten in Jena und Kopenhagen jeweils wieder für lange Zeit ins väterliche Pfarrhaus zurückgeflüchtet hatte, weil er nirgends eine Stellung gefunden hatte. Die Eltern hatten sich schon Sorgen gemacht.

Aber noch einmal würde er nicht zurückgehen. Er war fest entschlossen, endlich auf eigenen Füßen zu stehen. Doch in der Stadt war das nicht einfach gewesen.

Er erzählte, wie ihm vorhin auf der Chaussee so wunderbar leicht ums Herz geworden war. Begeistert sah er sich um. So einen Garten wie diesen hier, mit seinen Gemüsebeeten und Apfelbäumen, mit Hühnern und einer Kuh auf der Weide, all das brauche er einfach, um glücklich zu sein.

Rebekka lachte. Was er denn dann in seine Hamburger Zeitung hineingeschrieben habe, wollte sie wissen. »Was von Hühnern und Kühen etwa?«

»Was vom Mond«, sagte er.

»Wovon? Vom Mond?« Hatte sie es doch geahnt! Er machte sich lustig über sie. Für den studierten Herrn war sie nichts weiter als ein unwissender Bauerntrampel.

»Ja, vom Mond!« Matthias ließ das Betttuch sinken, das sie gerade ausgewrungen hatten. Sein freundliches Gesicht wurde ganz ernst, als er jetzt die Augen schloss. Er legte den Kopf ein wenig zurück, während er sich konzentrierte. »Es sind Verse«, sagte er, als er die Augen wieder öffnete. »Ich habe sie *Wiegenlied, bei Mondschein zu singen* genannt. Wollen Sie sie hören?«

Rebekka nickte irritiert. Noch nie hatte ihr jemand ein selbst geschriebenes Gedicht vorgetragen. Sie wusste nicht, was sie davon halten sollte. Unsicher lauschte sie der Stimme des Dichters. Sie klang auf einmal sanft und einschmeichelnd, fast verführerisch:

So schlafe nun, du Kleine!
    Was weinest du?
Sanft ist im Mondenscheine
    Und süß die Ruh'.

Auch kommt der Schlaf geschwinder
    Und sonder Müh';
Der Mond freut sich der Kinder
    Und liebet sie.

Er liebt zwar auch die Knaben,
    Doch Mädchen mehr,
Gießt freundlich schöne Gaben
    Von oben her

Auf sie aus, wenn sie saugen,
Recht wunderbar;
Schenkt ihnen blaue Augen
Und blondes Haar.

Alt ist er wie ein Rabe,
Sieht manches Land;
Mein Vater hat als Knabe
Ihn schon gekannt. ...«

Rebekka prustete los und hielt sich im nächsten Moment erschrocken die Hand vor den Mund. Jetzt hatte sie den Dichter wohl beleidigt.
Aber dessen dunkle Augen blitzten begeistert. Ihr Lachen schien ihn überhaupt nicht zu stören. Im Gegenteil. »Gefällt Ihnen das?«, wollte er wissen. »Es geht noch weiter.«
»Es ist wunderschön«, versicherte das Mädchen. »Und diese Verse haben Sie in die Zeitung drucken lassen? Mögen das die Leute denn?«
»Die Leute schon, denke ich. Aber der Herr Verleger nicht. Der wollte nur staubtrockene Nachrichten über Handel und Hafen.« Sein Gesicht verdüsterte sich. »Er hat mich hinausgeworfen.«
»Hinausgeworfen? Wegen eines Gedichts?« Rebekka war empört.
Es sei nicht nur das eine gewesen, erwiderte Matthias Claudius. Es seien viele gewesen. Und auch seine Berichte und

Rezensionen seien wohl nicht so ganz nach dem Geschmack des Etatsrats Leisching gewesen. »Viel verloren habe ich dabei freilich nicht«, fügte er hinzu. Der Herr Etatsrat habe ihn so erbärmlich schlecht bezahlt, dass er die meiste Zeit in Hamburg mit knurrendem Magen herumgelaufen sei. »Aber das wird hier besser«, setzte er zuversichtlich hinzu.

Rebekka warf das Tischtuch, das sie gerade ausgewrungen hatten, über die Wäscheleine. Während sie es glatt zog, warf sie einen schnellen Blick über die Schulter. Ob der Graf von Schimmelmann denn so viel mehr bezahle?

Das nun nicht gerade, antwortete Matthias Claudius. »In barem Geld wird es vielleicht sogar noch weniger sein als in Hamburg. Doch hier werde ich mein eigenes Haus haben und den großen Garten dazu.«

Groß sei er schon, bestätigte das Mädchen. »Aber so einen Garten muss man auch pflegen können.«

»Oh, das kann ich«, gab Matthias zurück. Im Pfarrhaus in Reinfeld seien sie zehn Geschwister gewesen. Geld war immer knapp. Schon als Junge hatte er der Mutter bei der Gartenarbeit geholfen.

Das Mädchen hob den leeren Wäschekorb auf. Matthias folgte ihr in die kleine Gaststube. Dort stellte sie den Weidenkorb ab und wandte sich einem Holzfach zu, das neben der Tür in die Wand eingelassen war. Rebekka zog an dem Holzknopf. Aber das Fach ging nicht auf.

Matthias versuchte es ebenfalls. Aber die Tür des Schränkchens bewegte sich nicht.

»Schade«, sagte er. »Da bin ich heute wohl vergeblich ...« Er brach ab, denn er war allein in der Gaststube. Das Mädchen war verschwunden.
Als sie zurückkam, hatte sie ein Beil in der Hand.
Was sie denn damit vorhabe, wollte Matthias wissen.
Rebekka antwortete nicht. Freundlich, aber bestimmt schob sie ihn beiseite und holte mit dem Beil aus.
Ein einziger, wohl gezielter Schlag genügte. Die Tür des Schränkchens sprang auf und Rebekka griff in das Fach. Mit einem Lächeln reichte sie Matthias einen schweren, eisernen Haustürschlüssel.
Der beherzte Beilhieb und das Lächeln der schönen Zimmermannstochter gingen Matthias Claudius nicht mehr aus dem Kopf. Als er die Tür zu dem kleinen Haus aufschloss, das ihm der Graf von Schimmelmann überlassen wollte, stellte er sich vor, dass das Mädchen an seiner Seite sei und sie gemeinsam die Stube, die Schlafkammer und die Küche in Augenschein nahmen.
In der Küche verweilte er besonders lange. Er malte sich aus, wie Rebekka dort am Herd hantierte, umgeben von einer fröhlichen Kinderschar, während er selbst in der Stube am Fenster saß und seine Rezension oder ein paar Verse für den *Wandsbecker Bothen* schrieb.
Er nahm sie in seiner Phantasie auch in den Garten mit. Dort standen Apfel- und Birnbäume. Auch Holunder wuchs da. Vom Vorbesitzer waren noch Beete für Kartoffeln, Erbsen und anderes Gemüse angelegt.

Hier würde es sich leben lassen, dachte der Dichter vergnügt.

Dennoch fasste er sich bei seiner Besichtigung so kurz wie möglich. Er hatte es eilig, zum Gasthaus zurückzukommen.

Diesmal war die Haustür nicht abgeschlossen. Aber die kleine Gaststube, hinter der es eine Kegelbahn gab, wie Matthias erfreut entdeckte, war noch leer. Rebekka steckte den Kopf durch die Küchenklappe. Sie lächelte wieder, als sie den Gast erkannte. Sie hatte sich gekämmt. Ihre wilden Locken waren jetzt von einem blauen Band gebändigt. Mit einem Mal sah sie viel jünger aus.

»Ich bringe nur den Schlüssel zurück«, sagte Matthias.

Sie kam in die Gaststube herüber. »Das ging aber schnell.«

Er sei ein wenig in Eile, behauptete Matthias und bereute es sofort. Nun blieb ihm nichts anderes übrig, als gleich aufzubrechen.

»Sie können den Schlüssel auch behalten«, sagte das Mädchen.

Aber das wollte er nicht. Auf keinen Fall wollte er das. Solange der Schlüssel hier im Gasthaus lag, hatte er jederzeit einen Grund, sie wiederzusehen.

Doch eines musste er noch wissen, bevor er sie verließ. Er wollte die Frage beiläufig anbringen, sie irgendwie einflechten, aber ihm fiel nichts ein. Schließlich platzte er ganz offen damit heraus. »Wie alt sind Sie?«

Das Mädchen errötete. »Sechzehn«, sagte sie.

Erst sechzehn!

Enttäuscht schritt Matthias Claudius auf der Chaussee nach Hamburg zurück. Sechzehn! Das bedeutete, dass er noch warten musste. Zwei Jahre zumindest. Was konnte in einer so langen Zeit nicht alles geschehen?
Dann kam ihm ein anderer Gedanke. Wovon sollten sie leben? Es stimmte ja, das bisschen Geld, das er mit dem *Wandsbecker Bothen* verdienen konnte, würde kaum für ihn allein reichen. Wie sollte er davon eine ganze Familie ernähren? Er würde seine Freunde bitten müssen, ihm eine einträglichere Stellung zu verschaffen. Als Zollinspektor vielleicht. Jedenfalls irgendwo auf dem Land wie hier in Wandsbeck, mit viel Holz und Wasser in der Gegend und ohne dass er sich dabei groß abstrampeln musste. Er brauchte seine Zeit zum Schreiben.
Der Gedanke an die Freunde brachte ihn noch auf etwas ganz anderes: Was würde Herder sagen, wenn er ihm schriebe: Ich habe ein Mädchen lieb gewonnen, ein einfältiges, ungekünsteltes Bauernmädchen, und ich will es heiraten …? Wie würden Gerstenberg, Lessing und Klopstock reagieren? Würden sie lächeln über ihn, ihm die Freundschaft kündigen?
Egal, dachte er.
Der liebe Gott hatte ihn heute zu diesem goldnen Engel geführt, er würde ihm auch künftig alles geben, was er benötigte. Mit einem Mal erschienen ihm die zwei Jahre, die er auf die Zimmermannstochter wohl würde warten müssen, gar nicht mehr so lang. Sie war ja nicht fort. Er würde sie ja

sehen können, so oft er wollte. Er würde immer in ihrer Nähe sein, während sie zu einer jungen Frau heranwuchs. Sie würden sich gemeinsam das warme Nest bilden können für ihre künftige Familie. So gesehen bekamen die zwei Jahre Wartezeit sogar etwas Süßes, Aufregendes.

In diesem Licht erschien ihm die eben noch so bange Frage, was in zwei Jahren alles geschehen könne, gar nicht mehr so bedrohlich. Er hatte dabei an Krankheit gedacht, an den Tod. Wie schnell so was gehen konnte, hatte er im Elternhaus in Reinfeld erfahren. Elf war er damals gewesen. Innerhalb eines einzigen Jahres hatten sie seine zweijährige Schwester Lucia Magdalena, den sechsjährigen Bruder Lorenz und den achtjährigen Friedrich Carl zu Grabe tragen müssen.

Und in Jena waren sein Bruder und er an den Pocken erkrankt. Er selbst war genesen, doch Josias war nach langem, schwerem Leiden gestorben. Die Rede, die Matthias der Trauerversammlung gehalten hatte, war seine erste Veröffentlichung gewesen. »Nun ruhe, ruhe sanft, toter Bruder«, hatte er Josias zum Abschied nachgerufen. »Noch oft will ich in der Stunde der Mitternacht, bei blassem Mondschein zu Deinem Grab hinschleichen und weinen.«

Nein, der Tod schreckte ihn nicht mehr. Freund Hain nannte er ihn bei sich. Denn war er nicht ein Freund, der die Menschen durchs Leben begleitete, bis ihre Stunde kam?

Wenn man aber keine Angst vor dem Tod haben musste, um wie viel weniger musste man sie dann vor dem Leben haben?

War man nicht immer in Gottes Hand? Gott hatte Rebekka und ihn heute zusammengeführt. Er würde auch dafür sorgen, dass sie, wenn die Zeit gekommen war, gemeinsam vor den Traualtar treten konnten.

Matthias Claudius blieb mitten auf der Landstraße stehen. Der Südwest hatte die letzten Wolken davongejagt. Die Sonne lachte vom blauen Himmel herab.

Was für ein wunderbarer Tag! So grau hatte er begonnen. Nun waren Felder, Wiesen und Bäume in blendenden Sonnenschein getaucht. Und er hatte endlich die Frau fürs Leben gefunden!

Der Dichter nahm einen Anlauf und tat einen gewaltigen Freudensprung.

Sollten die Leute doch von ihm denken, was sie wollten.

Matthias Claudius
* 15.8.1740 in Reinfeld (Holstein), ✝ 21.1.1815 in Hamburg

Claudius wird am 15. August 1740 in dem Dorf Reinfeld bei Lübeck geboren. Sein Vater, der in Reinfeld Pastor ist, entstammt einer alten Pfarrfamilie, seine Mutter einer Flensburger Kaufmanns- und Senatorenfamilie.
Matthias hat zunächst Privatunterricht beim Vater, wird mit fünfzehn auf die Lateinschule in Plön geschickt und geht mit neunzehn an die Universität Jena. Er studiert Theologie, hört dann aber auch Jura, Philosophie und andere Fächer. Es ist nicht ganz klar, ob er ein Studium abschließt. Jedenfalls findet er keine Stellung und kehrt 1762 ins elterliche Pfarrhaus im damals dänischen Reinfeld zurück.
In Jena hat Matthias zu schreiben begonnen. Seine Grabrede auf den an Pocken gestorbenen Bruder Josias wird gedruckt. Auch sein erstes Buch erscheint, *Tändeleien und Erzählungen*, eine Sammlung von Reimen und Fabeln, und wird von der Kritik verrissen.
Einem Verwandten gelingt es, den jungen Träumer, der seine Zukunft als Verwalter eines Jagdschlosses oder in einer Dichterkolonie auf der Südseeinsel Tahiti sieht, als Sekretär bei dem Grafen Holstein in der dänischen Hauptstadt Kopenhagen unterzubringen. Zwei Jahre hält es Matthias im

Dienst des arroganten Grafen aus, dann kehrt er wieder ins Elternhaus in Reinfeld zurück.

Erst mit achtundzwanzig, im Jahre 1768, gelingt ihm der Absprung. Er wird Redakteur bei den *Hamburger Adreß-Comptoir-Nachrichten*, erhält aber nach anderthalb Jahren die Kündigung, da seine eigenwilligen Verse und Texte nicht den Vorstellungen des Verlegers entsprechen.

Vor den Toren der Freien und Hansestadt besitzt der Graf von Schimmelmann das Dorf Wandsbeck. (Damals schrieb man es mit ck, weshalb wir es auch in diesem Beitrag so halten.) Schimmelmann ist als Generalpächter in Sachsen reich geworden. Um sein idyllisches Dorf voranzubringen, hat er den Juden Privilegien eingeräumt und den schönen Schlosspark für das Publikum geöffnet. Schimmelmann will auch etwas für die Bildung seiner Dörfler tun. Dazu gründet er eine neue Zeitung, den *Wandsbecker Bothen*. Als Redakteur für das Blatt holt er den gerade wieder arbeitslosen Matthias Claudius.

Der nun dreißigjährige Claudius findet so endlich seine Lebensaufgabe. Bis dahin ist er kaum beachtet worden. Er hat zwar bedeutende Männer seiner Zeit kennen gelernt, in Kopenhagen Friedrich Gottlieb Klopstock, in Hamburg und anderswo Carl Philipp Emanuel Bach, Johann Gottfried von Herder und Gotthold Ephraim Lessing. Aber wirklich bekannt wird er erst durch den *Wandsbecker Bothen*. In Wandsbeck begegnet er auch seiner späteren Frau, der sechzehnjährigen Zimmermanns- und Gastwirtstochter Anna

Rebekka Behn, die er am 15. März 1772 heiratet. Im September wird ihr erstes Kind geboren, Matthias. Es stirbt nach wenigen Stunden.

Der *Wandsbecker Bothe* erscheint viermal pro Woche, Auflage im Jahre 1772: 400 Exemplare. Jede Ausgabe der kleinen Dorfzeitung hat vier Seiten, die ersten drei sind den Nachrichten vorbehalten, die letzte der Literatur. Claudius gelingt es mit seinen genialen Versen, den oft phantastischen Erzählungen und mit humorvollen Betrachtungen, ein erstaunlich großes Publikum zu erreichen. Lessing, Klopstock, Herder, Hölty, Gleim und schließlich auch Goethe liefern Beiträge.

Doch das Geld bleibt knapp im Haus des Wandsbecker Redakteurs. Immer wieder muss Claudius seine Freunde bitten, ihm eine einträglichere Stellung zu verschaffen. Als die Zeitung nach viereinhalb Jahren eingestellt wird, ist der Dichter für die Öffentlichkeit längst selbst zum »Wandsbecker Bothen« geworden. Claudius, jetzt wieder stellungslos, geht das Wagnis ein, sich als Schriftsteller durchzuschlagen. Unter dem Namen Asmus bringt er seine *Sämmtlichen Werke* heraus. Insgesamt werden bis zum Jahre 1812 acht *Asmus*-Teile erscheinen.

Aber die finanzielle Situation des Schriftstellers wird immer dramatischer. Endlich gelingt es Herder, ihm eine Stellung als Oberlandcommissarius in Darmstadt zu verschaffen. Claudius macht sich bald unbeliebt. Der regelmäßige Beamtendienst liegt ihm nicht. Man vertraut ihm schließlich die Herausgabe der *Hessen-Darmstädtischen priviligierten*

Landzeitung an. Doch mit seinen kritischen Texten erregt er Anstoß, ihm wird nach wenigen Monaten gekündigt.
Matthias Claudius kehrt mit Rebekka ins geliebte Wandsbeck zurück. Das Paar hat nun zwei Kinder, im Laufe der Jahre werden es zehn und die Not wird immer größer. Aber Claudius, im Glauben fest und im Grunde bedürfnislos, erweist sich, mit Rebekkas Hilfe, als Lebenskünstler. Bei aller Sparsamkeit weiß er auch zu feiern. Wenn gerade mal keiner der zahlreichen Geburtstage ansteht, erfindet er eben einen Anlass zum Feiern: das Bratäpfelfest, ein Wurstfest, ein Genesungsfest für Klopstock. Erst als der dänische Kronprinz Friedrich dem Dichter 1785 eine Jahrespension bewilligt, bessert sich die Lage.
1797 dichtet Claudius seiner Frau Rebekka zur silbernen Hochzeit ein Dankgedicht. Darin kommen diese Verse vor:

Ich danke Dir mein Wohl, mein Glück in diesem Leben.
    Ich war wohl klug, dass ich Dich fand;
Doch ich fand nicht. GOTT hat Dich mir gegeben;
    So segnet keine andere Hand.

Das ist ganz ernst gemeint. Claudius ist sehr fromm. Seine schlichte Frömmigkeit verstärkt sich gegen Ende seines Lebens noch. Die letzten Teile des *Asmus* sind vor allem eine Auseinandersetzung mit dem Glauben.
Im Dezember 1814 erkrankt Claudius und siedelt in das Haus seines Schwiegersohnes nach Hamburg über. Dort

stirbt der Fünfundsiebzigjährige am 21. Januar 1815. An der Hamburger Grenze erwartet der Wandsbecker Pastor mit den Schulkindern den Leichenzug und geleitet den Mann, der das Dorf Wandsbeck berühmt gemacht hat, auf den Dorffriedhof.

Lesevorschlag:

Zu Recht berühmt sind Claudius' Gedichte *Abendlied*, *Der Tod und das Mädchen* und natürlich das *Kriegslied*. Sie sollte man als Erstes lesen und – wenn sie einem gefallen – vielleicht sogar auswendig lernen. Sehr schön sind auch *Ein Wiegenlied, bei Mondschein zu singen*, *Ein Lied, hinterm Ofen zu singen* und *An Frau Rebekka*, das Claudius seiner Frau zur silbernen Hochzeit geschrieben hat.

Von der manchmal eigenwilligen Prosa des Dichters könnte man als Erstes die *Nachricht von meiner Audienz beim Kaiser von Japan* lesen und danach ein bisschen herumschmökern in den ersten vier *Asmus*-Teilen. Ab dem fünften Teil werden die Texte sehr fromm.

Besichtigungstipps:

Die Gräber des Dichters und seiner Frau Rebekka befinden sich in Hamburg auf dem stillgelegten Wandsbeker Friedhof an der Christuskirche (S-Bahnstation

Wandsbek), neben dem Schimmelmann-Mausoleum. Südöstlich des Friedhofs schließt sich das Wandsbeker Gehölz an, der ehemalige Schlosspark. Dort ging Claudius gern spazieren und es erinnert ein Gedenkstein an ihn und den *Wandsbecker Bothen*.

Über Johann Wolfgang von Goethe
Frederik Hetmann

»Sie war die Erste nicht ...«

Der junge Mann Johann Wolfgang G., nicht eigentlich Doktor, sondern Lizenziat der Rechte, ein junger Anwalt, der vor kurzem erst nach Abschluss des Studiums in Straßburg nach Frankfurt zurückgekehrt war, schritt die Treppe vom ersten Stock des Römers hinunter, wo er eben in einem Streitfall zwischen Vater und Sohn um den Besitz einer Porzellanfabrik plädiert hatte. Seine Schritte hallten in dem weiten Flurraum, als von oben das Wechselspiel von zwei Männerstimmen und einer hohen, eingeschüchtert klingenden Frauenstimme an sein Ohr drang. Er ging noch einmal zurück in den ersten Stock und öffnete die Tür, die nur angelehnt stand. Drinnen saßen an einem langen Tisch, auf dem ein Kruzifix stand, drei Männer, von denen G. zwei näher kannte. Der in der Mitte war ein Verwandter, Johann Textor, Mitglied des Rates der Stadt. Er führte offenbar den Vorsitz. Daneben, zur Linken, saß der Sekretarius und rechts neben diesem ein Mann, den G. ebenfalls kannte. Es war Doktor Metz, der Hausarzt der Klettenberg, einer Freundin seiner Mutter. G. erinnerte sich, wie ihm Metz, der Alchimist war, ein weißes Pulver verabreicht und ihn mit den alchimistischen Schriften eines gewissen Paracelsus bekannt gemacht hatte.

Vor den drei Männern stand auf einem Podest, flankiert von zwei Stadtpolizisten, eine junge Frau, eine Schwarzhaarige. Sie musste einmal nicht schön, aber hübsch gewesen sein. Jetzt war sie bleich und wirkte abgezehrt. Ihre fahle, fast gelbliche Gesichtshaut bildete einen gespenstischen Kontrast zu den geröteten Augen.
»Kommen Sie nur herein und nehmen Sie Platz, sofern Sie der Casus interessiert«, sagte Textor und wies mit einer einladenden Geste auf die Stühle im Hintergrund.
G. nickte und verneigte sich gegen die Männer, blieb aber an der Tür stehen. Er war über den Tatbestand im Großen und Ganzen im Bilde. Fast jeder in Frankfurt kannte den Fall.
Die Delinquentin, die hier verhört wurde, hieß Susanna Margaretha Brandt. Sie war die Tochter eines Soldaten und fünfundzwanzig Jahre alt. Sie hatte als Magd im »Gasthof zum Einhorn« gearbeitet. Im Sommer war Gerede aufgekommen, sie sei schwanger. Ihre Schwester, die mit einem Tambour verheiratet war, hatte sie zu einem Geständnis gedrängt. Susanna, so der Rufname der Angeklagten, hatte nachdrücklich beteuert, daran sei kein wahres Wort. Am 2. August war sie aus der Stadt verschwunden. In einem Schuppen an der Staufenmauer hatte man die Leiche eines neugeborenen Kindes gefunden, das offenbar erstickt worden war. Noch am Abend war ein Haftbefehl gegen die Brandt in der Stadt ausgetrommelt worden. Schon am Tag darauf hatte man die Gesuchte am Bockenheimer Tor erkannt und festgenommen.

Es hatte sich herausgestellt, dass sie am Tage zuvor durch dasselbe Tor entwichen und bis nach Hoechst gelaufen war. Dort hatte sie sich von einem Fischer dem Mainzer Marktschiff nachrudern lassen. Sie war bis Mainz gekommen und hatte gegen Hingabe ihres Ohrringes ein Nachtlager gefunden. Doch dann schien ihr der Gedanken, einer weiteren Flucht sinnlos vorgekommen zu sein. Sie war wieder umgekehrt. Nach ihrer Festnahme hatte man sie in den Turm der alten Katharinenpforte, am Ausgang des Hirschgrabens, gesperrt – nur zweihundert Meter vom Elternhaus des G. entfernt.

Was eben erörtert wurde – vom Arzt berichtet und von der jungen Frau jeweils nur bestätigt –, war der Verlauf der Ereignisse in der Nacht der Geburt und des Mordes. Diese Aufeinanderfolge von Ins-Leben-Treten und sofortiger Zerstörung eines sich eben noch mit einem Schrei kundtuenden Lebens, die Fähigkeit einer Frau, Leben zu geben und zu nehmen, war es, was G. in Gedanken beschäftigte, während er zuhörte. Von einer mit den Zähnen der Mutter durchtrennten Nabelschnur war die Rede. Von dem Schreien des Neugeborenen, das, wie die Frau aussagte, sie in jähe Angst gestürzt und ihr erst die ganze Hoffnungslosigkeit ihrer Lage bewusst gemacht habe. Danach habe sie nach einem Kartoffelsack gegriffen und ihn so lange auf das Gesicht des Neugeborenen gedrückt, bis dieses stumm geworden sei.

Was G. erstaunte, was ihn nach einem ersten Erschaudern hellwach werden ließ, war die Genauigkeit und Anschaulichkeit, mit der die Frau in der Lage war, ihre Gefühle in diesen schrecklichen Augenblicken zu schildern. Sie hatte dabei nie versucht, ihr Verhalten zu entschuldigen. Sie hatte genau beschrieben, was war. Das hatte ihn fasziniert. Nicht nur, weil er sich mit dem Gedanken trug, für das Theater zu schreiben, und dies ein Stoff war, mit dem sich gewiss noch etwas anfangen ließe. Mehr noch, weil sich da eine Ehrlichkeit gegenüber den eigenen Abgründen offenbarte, die er bereit gewesen wäre bewunderungswürdig zu nennen. Er sagte sich, jemand, der derart ehrlich gegen sich selbst sei, erfahre damit Strafe genug und dürfe eigentlich nicht bestraft werden.

Er verließ dann den kleinen Saal, ging seinen Tagesgeschäften nach und vergaß darüber auch seine augenblickliche Ergriffenheit von dem Fall.

Am Wochenende begegnete er seinem Vetter Textor. Er erkundigte sich beiläufig, zu welchem Urteil man im Fall der Brandt wohl kommen werde, und erfuhr, dass die öffentliche Hinrichtung durch das Schwert beschlossene Sache sei, völlig gerechtfertigt, auch notwendig im Sinn von vorbeugender Abschreckung, da sich Fälle von Kindsmord in letzter Zeit mehrten. Wiederum einem spontanen Impuls folgend, fragte G., ob ihm der Vetter die Erlaubnis verschaffen könne, die Brandt in ihrem Turm zu besuchen. Textor sah ihn etwas verwundert an, schüttelte den Kopf und sagte: »Was haben Sie vor?«

G. legte ihm seine Empfindungen und seine Gedanken beim

Mitanhören der Verhandlung dar und sprach von seiner Überlegung, dass die große Ehrlichkeit der Delinquentin doch eigentlich Sühne genug sei. Einen merkwürdigen Standpunkt entwickle er da, erwiderte der Verwandte. Ja, er könne ihn nachvollziehen, aber juristisch sei er völlig irrelevant, nicht einmal dazu angetan, den Urteilsspruch in irgendeiner Weise abzumildern. G. beharrte auf seiner Bitte, mit der Brandt sprechen zu dürfen. Textor hob die Achseln: »Wenn Ihnen so viel dran liegt!«
Zwei Tage später schloss ein Scharwächter G. die Tür zum Turmgefängnis auf. Der Innenraum hatte nur in der Höhe der einen Wand ein vergittertes Fenster. Auf einer Schütte Stroh hockte die Brandt, neben sich einen Krug und einen irdenen Becher. In einer Ecke gab es einen Kübel mit einem Kasten Torf und einer Schaufel daneben. G. nahm einen scharfen, animalischen Geruch wahr. Bei dem Wasserkrug sah G. ein Neues Testament liegen, ein abgegriffenes, schwarzes Buch, mit sichtbaren Eselsohren. Offenbar hatte es schon anderen Gefangenen zu Trost und Erbauung gedient.
Nachdem G. seinen Namen genannt hatte, trat eine Pause ein. Schließlich sagte er, mit dem Kopf gegen die Heilige Schrift deutend: »Lesen Sie darin?«
»Ich kann nicht lesen«, war die Antwort.
»Ich möchte Sie einiges fragen«, sagte G., weil er fand, er müsse seine Anwesenheit erklären.
»Warum?«, fragte sie.
»Ich möchte Ihnen helfen.«

Sie lachte kurz auf. »Wie denn?«
»Es könnte sich etwas finden lassen, das Sie vor dem Henker rettet.«
»Nie und nimmer«, sagte sie ruhig.
»Doch«, sagte er unbeirrt. »Es hat mir gefallen, wie ehrlich Sie gewesen sind bei den Verhören.«
»Mein Gott«, sagte sie achselzuckend, »es ist, wie es ist. Der Satan hat es so gewollt.«
G. horchte diesem Satz nach. »Wer war der Mann, der Ihnen das Kind gemacht hat?«
»Ein holländischer Goldschmiedegeselle. Ist nach Russland weitergereist.«
»Haben Sie ihn geliebt?«
»Ich weiß nicht, ob man das Liebe nennt. Er hat mir übers Haar gestrichen. Davon war ich abgelenkt. Er muss mir ein Mittel in den Wein getan haben. Ich wurde sehr müde. Alles andere war des Teufels Werk.«
»Er hat Sie also betäubt und vergewaltigt?«
»Ich weiß nicht, wie man das heißt.«
G. ging auf und ab und überlegte. Dann blieb er stehen und dachte, dass er den Geruch der Fäkalien nicht mehr lange aushalten werde. »Man könnte versuchen, den Hergang noch einmal zu erörtern«, sagte er.
»Ich habe mein Kind erstickt«, erinnerte sie ihn.
»Ja«, sagte er, »aber wenn man geschickt plädiert, könnte man mildernde Umstände erreichen.«
»Nicht doch, Herr …«

Er sah sie unverwandt an. »Aber warum nicht?«
»Weil das Leben zu gut ist für solche, wie ich eine bin ... Und weil der Teufel Macht über mich gehabt hat. Aber jetzt nicht mehr. Jetzt hat der Heilige Geist wieder Macht über mich. Und er hat mir gesagt, ich solle mich in den Tod schicken, dann sei ich entsühnt und würde gerettet.«
»Gerettet? Von wem?«
»Von den Engeln ... von den himmlischen Heerscharen.«
Zuerst wollte G. wütend widersprechen. Dann schluckte er seinen Zorn hinunter. Doch er spürte, dass sich dieser irgendwo in seinem Körper staute und von dort wieder hervorbrechen würde.
»Ja«, sagte er zögernd, »ich verstehe.«
Er war dann ohne Gruß gegangen.
Die Hinrichtung der Susanna Margaretha Brandt fand am 14. Januar 1772 auf dem Platz vor der Hauptwache statt.
G. war an diesem Tag ungewöhnlich früh aufgestanden, um den Ereignissen in ihrem gesamten Verlauf als Augenzeuge beizuwohnen.
Zwei Tage später hieß er den Schreiber seiner Anwaltskanzlei, einen gewissen Johann Wilhelm Lieboldt, nach Diktat eine Notiz über das, was er gesehen und gehört hatte, niederschreiben.
Schon am Abend vor der Vollstreckung des Urteils war neben dem Brunnen der Zunft der Zimmerleute das Schafott errichtet worden. Um fünf Uhr morgens wurden an den Stadttoren alle Wachen verdoppelt. Um sechs Uhr betraten

Stadtschreiber, Henker, Henkersknechte und Obristrichter das Gefängnis im Katharinenturm. Der Richter in rotem Mantel, an den das Stadtwappen geheftet war, zog einen kleinen, roten Stab hervor, den er nach Verlesung des Todesurteils durch den Stadtschreiber unter feierlicher Formel zerbrach. Drauf wurde die Brandt in das Armsünderstübchen geführt, wo für die Henkersmahlzeit eingedeckt war. Von den Speisen aß die Verurteilte nichts, nahm überhaupt nur einen Schluck Wasser.

Alle Viertelstunden läutete die Glocke. Die junge Frau wurde mit Stricken gebunden und hinaus auf die Straße geführt, dann unter fortwährendem Beten und Absingen von Kirchenliedern über den Liebfrauenberg nach Sachsenhausen, bis zum Aschaffenburger und zum Neuen Tor und wieder zurück. Voran ritt der Obristrichter. Hinter ihm kamen die in Strick geschlagene Frau, der Scharfrichter, seine Knechte, die Pfarrer und Soldaten. Gegen zehn Uhr war man wieder an der Hauptwache angekommen.

»Der Nachrichter«, so diktierte G. dem Kanzleischreiber aus der Erinnerung, »führte die Malefikantin mit der Hand nach dem Stuhl, setzte sie darauf nieder, band sie an zwei Orten am Stuhl fest, entblößte den Hals und den Kopf, und unter beständigen Zurufen der Herren Geistlichen wurde ihr durch einen Streich der Kopf glücklich abgesetzt. Unter Beugung der Spitze des Schwertes verneigte sich der Henker vor dem Obristrichter und fragte diesen, ob er das ihm Befohlene ausgerichtet habe, worauf dieser antwortete: ›Ich habe mein Amt wohl verrichtet und getan, was Gott und die Obrigkeit befohlen.‹ Die Leiche der Brandt wurde auf dem Gutleuthof beigesetzt.«

G. war für den Rest dieses Tages, an dem er so früh aufgestanden war, in gereizter Stimmung. Er war mit sich selbst äußerst unzufrieden. Wenn er sich schon als Anwalt betätigte, so fand er, dann hätte er um das Leben dieser Frauensperson energischer kämpfen müssen. Ein Satz aus den Gerichtsprotokollen, an den er sich erinnerte, ging ihm nach, war aber kein Trost, sondern ein Stachel: »... sie war die Erste nicht und wird die Letzte nicht sein!«

Johann Wolfgang von Goethe
* 28.8.1749 in Frankfurt am Main, ✝ 22.3.1832 in Weimar

Johann Wolfgang Goethe (geadelt wird er erst 1782) wird am 28. August 1749 als Sohn des Kaiserlichen Rates Dr. jur. Johannes Caspar Goethe und seiner Frau Catharina Elisabeth geborene Textor in Frankfurt am Main geboren. Er erhält Privatunterricht in alten und neuen Sprachen, in Musik und Tanz und im Fechten und Reiten. 1764 erlebt er die Krönung des deutschen Kaisers Joseph II. in Frankfurt mit.

Goethe kommt schon als junger Mensch häufig ins Theater.

Seine außergewöhnliche Begabung wird früh deutlich. 1765 beginnt er auf Wunsch des Vaters ein Jurastudium in Leipzig. Dort erleidet er einen Blutsturz und muss 1768 ins Elternhaus zurückkehren. 1770 schließt er sein Studium in Straßburg ab. Er verliebt sich in die Pfarrerstochter Friederike Brion (1752–1813) und verfasst zahlreiche Gedichte, die er ihr widmet.

Anschließend ist er in Frankfurt als Jurist tätig, hat aber hinreichend Zeit zum Schreiben. Er schreibt den *Urfaust* und *Götz von Berlichingen*. 1772 ist Goethe vorübergehend als Praktikant am Reichskammergericht in Wetzlar tätig. Dort schließt er Freundschaft mit J. Ch. Kestner und dessen Braut Charlotte Buff.

Zwei Jahre später, mit fünfundzwanzig, schreibt er *Die Leiden des jungen Werther*, das »Psychogramm eines Empfindsamen«, ein die Zeitmode prägendes Buch. Es ist die erste Veröffentlichung, die unter Goethes Namen erscheint, und sie macht ihn mit einem Schlag berühmt. Im selben Jahr verlobt sich Goethe mit Lili Schönemann. Die Verbindung wird schon bald wieder gelöst.

1775 reist Goethe in die Schweiz, nach Zürich und über den St. Gotthard. Noch im selben Jahr besucht er Weimar, die Residenz des Herzogtums Sachsen-Weimar-Eisenach. Herzog Karl August hat ihn eingeladen. 1776 entschließt Goethe sich, länger in Weimar zu bleiben. Er tritt in den Staatsdienst des Herzogtums ein und erhält den Titel eines Geheimen Legationsrates.

Goethe organisiert die Wiederaufnahme des Bergbaus in Ilmenau und leitet die Kriegs- und die Wegebaukommission. Außerdem beteiligt er sich an Aufführungen des Weimarer Liebhabertheaters. Er diktiert den Text des Romans *Wilhelm Meisters theatralische Sendung* (Urform des Romans *Wilhelm Meisters Lehrjahre*).

In den ersten Jahren, von 1776 bis 1782, wohnt er in einem kleinen Haus an der Ilm, außerhalb der Stadt. In dieses Haus zieht er sich auch später, nach dem Erwerb des großen Hauses am Frauenplan, immer wieder zurück. 1779 wird er zum Geheimrat ernannt. 1782 adelt ihn Kaiser Joseph II.

Es bahnt sich eine problematische Beziehung zu der Hofdame Charlotte von Stein an, einer in liebloser Ehe mit dem herzoglichen Stallmeister Josias von Stein lebenden »kühlen Schönheit«, die sieben Jahre älter ist als Goethe. Er nennt sie in Briefen »Besänftigerin«, »Engel« und »Madonna«. Sie zieht ihn an, bildet ihn und setzt seinem Werben um sie Grenzen. In diesen Jahren schreibt er am *Egmont*, an *Iphigenie auf Tauris* und an *Torquato Tasso*.

1781 stirbt Goethes Vater.

In Goethe breitet sich nun das Gefühl aus, er könne »vielen Sachen, die ihn drücken, weniger widerstehen«.

Er fühlt sich wie ein »Vogel, der sich in Zwirn verwickelt hat«. 1786 bittet er den Herzog um unbefristeten Urlaub und bricht, ohne die beiden ihm vertrautesten Menschen, den Herzog und Frau von Stein, näher über seine Pläne zu unterrichten, am 3. September von Karlsbad über Venedig nach Rom auf. 1787 besucht er von dort aus Neapel und Sizilien.

Seine italienische Reise bringt Goethe die ersehnte Anschauung der bewunderten Kunst der Antike. Er hat Begegnungen mit deutschen Künstlern und empfindet seinen Italienaufenthalt als »Wiedergeburt«. Als er im Juni 1788 nach Weimar zurückkehrt, fühlt er sich gereift, und zwar als Mensch, Künstler und Naturforscher. Er verzichtet auf seine Staatsämter und organisiert ab 1791 nur noch das Hoftheater. 1797 wird er oberster Bibliothekar des Herzogtums.

1794 lernt Goethe Schiller kennen. Die beiden Dichter führen einen intensiven Briefwechsel. 1799 zieht Schiller nach Weimar und es entsteht eine enge Freundschaft zwischen den beiden Männern.

Inzwischen hat Goethe seinen Bildungs- und Entwicklungsroman *Wilhelm Meisters Lehrjahre* geschrieben. Der Autor will »die Emanzipation der Individualität« darstellen, so Karl Rosenkranz schon 1847. Erzählt wird die »Entwicklung eines bürgerlichen Individuums mit einem antibürgerlichen Affekt, das erkennen muss, dass es mit dem Theaterleben nur den Schein der Wirklichkeit erhascht«. Der Roman soll die Vorstellung vermitteln, dass die Ausbildung einer eigenständigen Persönlichkeit nur in Verantwortung übernehmender Teilhabe in einer Gemeinschaft möglich ist. Ziel muss sein, die Ansprüche der Einzelnen und die Forderungen des Ganzen auszugleichen. In einem Brief an Schiller schreibt Goethe, dieser Roman habe ihm eine zweite Jugend ver-

schafft und ihn wieder zum Dichter gemacht, »welches zu sein ich so gut wie aufgehört hatte«.
Auf Schillers Anregung nimmt Goethe die Arbeit am »Faustfragment aus dem Jahre 1790« wieder auf. *Faust* schließt er 1806 ab.
Goethe erlebt die entscheidende Niederlage des preußischen Heeres gegen die Franzosen auf den Höhenzügen zwischen Weimar und Jena mit, gewissermaßen vor seiner Haustür. Schon 1792 hat er mit Herzog Karl August an dem Feldzug der Fürstenheere gegen die Revolutionsarmeen Frankreichs teilgenommen und dabei die Kanonade von Valmy miterlebt. Dabei ist ihm klar geworden, dass das Heilige Römische Reich zusammenbrechen wird.
1806 heiratet Goethe die sechzehn Jahre jüngere Christiane Vulpius, mit der er schon vorher, sehr zum Missfallen der höfisch-bürgerlichen Gesellschaft von Weimar, längere Zeit zusammengelebt hat. 1789 wurde sein Sohn August geboren. 1808 stirbt Goethes Mutter. Im Oktober kommt es in Erfurt und Weimar zu Unterredungen mit Napoleon, den Goethe als »dämonisch« empfindet. 1809 entstehen *Die Wahlverwandtschaften*. Goethes Naturstudien auf den Gebieten der Botanik und der Optik gipfeln in der Veröffentlichung der *Farbenlehre*. Er beendet *Dichtung und Wahrheit*. Auf einer Reise an Rhein und Main begegnet er 1814 Marianne von Willemer, der Frau eines Frankfurter Bankiers, die ihm eine schwärmerische, von ihm bald erwiderte Neigung entgegenbringt. Im Jahr darauf reist er erneut an den Rhein und trifft

sich, ein letztes Mal, mit Marianne von Willemer. Im *Westöstlichen Diwan*, einer Gedichtsammlung »aus der Jugendzeit der Menschheit«, erscheint Marianne als Suleika. Sie ist die Geliebte des Hafis-Hatem, mit dem Goethe sich identifiziert.

Auf Beschluss des Wiener Kongresses wird Sachsen-Weimar-Eisenach Großherzogtum. Goethe wird zum Staatsminister ernannt. 1816 stirbt Goethes Ehefrau Christiane. Fünf Jahre später lernt Goethe in Marienbad die neunzehnjährige Ulrike von Levetzow kennen. Er erwägt vorübergehend, sie zu heiraten. 1823 schreibt er die *Marienbader Elegie*, in der sich die letzte große Liebe in Goethes Leben spiegelt. (Man lese dazu die eindrucksvolle Darstellung in Stefan Zweigs *Sternstunden der Menschheit*.)

1825 nimmt Goethe nach einer schweren Erkrankung die Arbeit an *Faust II* wieder auf. 1827 stirbt Frau von Stein. 1829 findet in Braunschweig die erste *Faust*-Aufführung statt.

Am 10. November 1830 erhält Goethe die Nachricht vom Tod seines Sohnes August in Rom. Ende November erleidet er einen Blutsturz. 1831 schließt er *Faust II* ab. Am 22. März 1832 stirbt Johann Wolfgang von Goethe in Weimar.

Lesevorschlag:

Goethes Gesamtwerk umfasst je nach Ausgabe vierzig bis sechzig dicke Bände. Da ist es nicht leicht auszu-

wählen. Wer mit den Gedichten beginnt und zum Beispiel *Willkomm und Abschied*, *Prometheus* und *Ganymed* liest, bekommt einen ersten Eindruck von Goethes Werk. Danach könnte man sich den Balladen zuwenden und etwa den *Zauberlehrling* lesen. Von den Prosatexten ist *Die Leiden des jungen Werther* immer noch der aufregendste. Dazu könnte man die moderne Fassung von Ulrich Plenzdorf lesen: *Die neuen Leiden des jungen W.* Unbedingt lesen sollte man auch den *Urfaust* und die *Wahlverwandtschaften*.
Wer mehr über das Leben Goethes erfahren möchte, dem ist die Biographie von Klaus Seehafer zu empfehlen: *Mein Leben ein einziges Abenteuer*, Aufbau Verlag, Berlin 1998.

◉ **Besichtigungstipps:**

In Frankfurt am Main kann man das Goethe-Haus am Hirschgraben besichtigen. In diesem Haus ist Goethe geboren und aufgewachsen, zu sehen sind etwa zwanzig Zimmer mit Einrichtungsgegenständen aus dem Besitz der Familie.
Weimar ist Goethe-Stadt. Eine Goethe-Reise dorthin ist immer eine gute Idee. Man sollte sich viel Zeit für Goethes Wohnhaus am Frauenplan nehmen und auch für einen langen Spaziergang an der Ilm entlang zum Gartenhäuschen des Dichters. Und nicht vergessen,

den »Stein des guten Glücks« zu berühren, den Goethe dort im Garten aufgestellt hat!
(Ein kluger Begleiter auf der Weimar-Reise ist die oben genannte Biographie von Seehafer.)

Über Friedrich Schiller
Frederik Hetmann

»Zu einem Spitzbuben will's Grütz!«

Der Regimentsarzt S. sieht sich im Zimmer um, das er zu Stuttgart Im Kleinen Graben mit dem Leutnant Kampf teilt. Der Zimmergenosse ist abwesend, er hat Dienst auf der »Solitude«, wo heute Abend ein Empfang für den russischen Großfürsten Paul und dessen Frau Maria Feodora, die Nichte des regierenden Fürsten, Herzog Carl Eugen, gegeben wird.
Zwei Feldbetten stehen im Alkoven. Der Ofen dient zum Heizen und Kochen. Es gibt einen Tisch und zwei Bänke; die Kleider hängen an Wandhaken. Ein Haufen Kartoffeln, leere Flaschen und Ballen von Gedrucktem liegen in den Ecken. Die ganze Bude stinkt nach kaltem Tabakrauch. Es ist der Abend des 22. September 1782. In einer halben Stunde wird Andreas Streicher, der Freund, an die Tür klopfen. Mit ihm zusammen, der nach Hamburg reist, wird S. bis Mannheim fahren. Nachher, wenn der Freund und er fortgehen, werden sie sich Doktor Ritter und Doktor Wolf nennen. Dass sie in der Kutsche ein kleines Klavier mitführen, scheint S. eine gute Tarnung für ihre Flucht, denn eine Flucht – das ist es. Jedenfalls in seinem Fall.
Er hat immer noch Zweifel, ob er springen soll. Nach allem, was geschehen ist, hat er sich oft gesagt: »Ich kann unmög-

lich so leben. Ich muss gehen.« Das ist seine ehrliche Meinung, wenn er alles verstandesmäßig durchdenkt. Aber wenn er sich auf seine Empfindungen besinnt, so verspürt er eine Unsicherheit. Diese Flucht ist auch Desertion. Er ist ja nicht nur das, was er zu sein wünscht, der Theaterdichter der *Räuber*, er ist auch Soldat in der württembergischen Armee – für ein Monatsgehalt von achtzehn Gulden, weniger, als ein Leutnant bekommt! Sein Landesherr, der Herzog, kann ihn, sofern man ihn fasst, einkerkern oder sogar hinrichten lassen. Und selbst wenn er entkommt: Auch an den Vater ist zu denken, der seit einiger Zeit der herzoglichen Hofgärtnerei vorsteht. Er ist in die Flucht nicht eingeweiht, damit er später, falls man ihn zur Rechenschaft zieht, mit gutem Gewissen erklären und unter Umständen auch beschwören kann, er habe von nichts gewusst. Noch ist Zeit. Noch lässt sich alles rückgängig machen.
S. findet, er müsse alles noch einmal bedenken. Aber das kann er nicht im Sitzen. Er steht auf und beginnt im Zimmer auf und ab zu laufen.
Wo beginnt eine Geschichte? Mit der Geburt des Helden oder gar noch früher? Bei seinen Eltern, den Großeltern oder gar schon bei der Erschaffung der Welt?
Nun, in seinem Fall mit jener Reise mit den beiden Damen, der Hauptmannin Vischer, mit der er liiert ist, und der von Wolzogen, nach Mannheim ins Theater. Ohne Urlaub, allerdings ist der Vorgesetzte, Oberst von Rau, unterrichtet. Von Stuttgart nach Mannheim in einer viersitzigen Chaise. Die

Räuber ansehen, sein Stück, das dann, als er hinkommt, gar nicht gespielt wird, verdammt, weil einige Schauspieler an Grippe erkrankt sind. Man gibt stattdessen Goldonis *Weltbürger* und von Chamfort *Die junge Indianerin*. S. holt sich auf der Reise selbst eine Grippe. Und natürlich spricht sich die Sache herum, bis hinauf zum Herzog. Der lässt ihm eines Tages einen Gaul vor die Tür führen und befiehlt ihn hinauf nach Hohenheim.

Der Herzog ist mit ihm durch den Garten spaziert, hat ihn auf diese und jene seltsame Pflanze aufmerksam gemacht. Aber plötzlich kommt es: »Er ist in Mannheim gewesen. Ich weiß alles.«

S. hat seinen Vorgesetzten gedeckt. »Will Er auf Festung enden, auf dem Hohenasperg?« Das ist nicht gefallen. Stattdessen hat es geheißen: »Es wird etwas nachkommen!«, und den Heimweg hat S. zu Fuß antreten können.

Nachgekommen sind dann vierzehn Tage Arrest, auf der Hauptwache. Dort hat S. an einem neuen Stück gekritzelt, das *Kabale und Liebe* heißen soll. Er hat beim Spiel mit dem Wachoffizier fünfzehn Gulden verloren, was ihn arg auf der Brust drückt, da er ohnehin wegen der Druckkosten der *Räuber* hohe Schulden hat.

Der Sommer ist dahingegangen. Der Herzog hat S. jeden Verkehr mit dem Ausland untersagt. Wenn man sich in Kreisen, die dem Hof nahe stehen, umhört, kann man erfahren, dass den fürstlichen Herrn nicht der Inhalt des Stückes empört hat, vielmehr wurmt es ihn offenbar, dass es in der Kur-

pfalz, in Mannheim, und nicht in Stuttgart aufgeführt worden ist.
Und dann ist auch noch diese dumme Geschichte mit den Graubündnern passiert.
Da gibt es in den *Räubern* ein paar Zeilen, die lauten: »Aber zu einem Spitzbuben will's Grütz – auch gehört dazu ein ganz eignes Nationalgenie, ein gewisses, das ich so sage, Spitzbubenklima, und da rat ich dir, reis' ins Graubündner Land. Das ist das Athen der dortigen Gauner.« Der Spiegelberg sagt es, und in den Text des Stückes ist es geraten, nicht weil der Autor etwas gegen die Graubündner insgesamt hätte, vielmehr als Seitenhieb gegen einen verhassten Aufseher an der Karlsschule, jener Eliteakademie, die S., mehr gezwungenermaßen als freiwillig, zwischen seinem vierzehnten und einundzwanzigsten Lebensjahr besucht hat.
Die Bemerkung über die Graubündner aber ist einem gewissen Doktor Amstein schlimm aufgestoßen. Er ließ sich über sie nicht nur in einer Zeitung in Chur in der Schweiz aus, er schickte S. seinen Artikel mit der Aufforderung zum Widerruf zu. S. hat nur gelacht und den Wisch zum Feueranzünden benutzt. Er hat nicht daran gedacht zu antworten, zu widerrufen. Er hat durch die ewig verstopfte Nase geschnaubt und gemurmelt: »Kommt gar nicht in Frage!«
Der ehrsüchtige Graubündner aber hat keine Ruhe gegeben. Er hat sich an den Ludwigsburger Gartenbaudirektor Walter mit der Bitte gewandt, dieser möge die Sache dem Herzog vortragen. Was jener Mann nur zu gern getan hat. Und diese

lächerliche Beschwerde hat dann das Fass zum Überlaufen gebracht.
Der Herzog bestellte ihn abermals nach Hohenheim und putzte ihn herunter. Das Donnerwetter gipfelte in dem Satz: »Bei Strafe der Kassation schreibt Er mir keine Komödien mehr! Medizinisches mag Er drucken lassen, anderes nicht.« Mit anderen Worten: Schreibverbot! Natürlich kann man ihm das Schreiben nicht verbieten. Wohl aber das Veröffentlichen. Man schreibt, aber keiner darf es hören, sehen. Das ist niederträchtig und unmenschlich!
Wenn S. nur daran denkt, steht sein Gemüt in Flammen. Der ganze lang zurückgestaute Groll gegen seinen Landesherren ist seitdem aufgebrochen. Es ist doch unerhört, wie jener mit ihm verfahren ist. Als der Herzog dem Vater befohlen hat, ihn als Kind von den Eltern zu trennen und auf jene Eliteschule zu tun, geschah das mit dem Versprechen einer guten Versorgung. Und welchen Beruf hat ihm der Herzog dann nach der Abschlussprüfung anzubieten gewagt? Man hat ihn auf eine Stelle als Regimentsdoktor beim Grenadier-Regiment Augé, zwei Kompanien stark und wahrlich der erbärmlichste Haufen in der württembergischen Armee, berufen. Gut, diese Anstellung hat ihn nicht allzu sehr in Anspruch genommen. Aber statt sich fortzubilden, statt zu schreiben, hat er verschissenen Ruhrkranken Arzneien einflößen dürfen. Übrigens durchaus mit einigem Erfolg bei der Bekämpfung dieser Epidemie. Und so hat er seine Absicht, nach den *Räubern* weitere Stücke, die er wohl in sich

schlummern spürt, zu verfassen, nicht verwirklichen können. Die *Räuber* sind zwar in Mannheim aufgeführt worden, aber erst nach allerlei Abmilderungen, die seiner Ansicht nach einer Kastrierung gleichkommen. Aller Konvention ins Gesicht speien wollte er mit diesem Stück. »Wir wollen ein Buch machen«, hat er zu den Mitschülern gesagt, als er ihnen aus dem Manuskript vorlas, »wir wollen ein Buch machen, das durch den Schinder absolut verbrannt werden muss.« Etwas von dieser rebellischen Energie ist denn bei der Premiere auch spürbar geworden. Er erinnert sich gern an einen Pressebericht, den er am liebsten jetzt hervorholen und ihn sich laut vorlesen möchte, um damit seinen Mut fürs Springen, für die Flucht, zu befeuern.

Über Franz, den der Schauspieler Iffland gegeben hat, ist immerhin dies gesagt worden: »Mit grausend aufwärts gekehrtem, anfänglich mehr glühendem denn versteinert starrendem Blick, mit gehobener, unbewegen eingewurzelter Stellung, wobei die rechte hoch vorwärts strebende Hand Trutz, die linke krampfhaft gegen die Brust gesenkte Schutz anzukündigen schien, rief er: ›Rächet denn droben über den Sternen einer?‹ Nun eine Pause – leises, furchtsames, angstgepresstes ›Nein.‹ – Neue Pause. – Der gefürchtete Donnerschlag schmettert nicht herab. – Dem Gottesleugner wächst der frevelnde Mut. ›Nein!‹, brüllt er zum zweiten Mal knirschend mit geballter Faust gegen den Himmel, und mit hörbar aufstampfendem Fuße. – Nun hat er auch den über den Sternen erschlagen.«

Friedrich Schiller

Nein, überlegt S., der Herzog kann das Stück unmöglich gelesen haben. Hätte er's, säße sein Ziehsohn und Regimentsarzt gleich dem Schubarth auf dem Hohenasperg. Er stellt sich vor, er müsste mit dem Herzog über diese Szene rechten. Es ist bei Carl Eugen nie vorherzusagen, ob er mit sich plausibel diskutieren lässt oder ob ihn ein heilloser Jähzorn überkommt.

Der Herzog: Was hat Er sich eigentlich gedacht, als Er sich zu solcher Gotteslästerung hinreißen ließ? Spürt Er nicht, dass Er damit nicht nur sich, sondern auch seinen Landesherren und darüber hinaus jeden an Frömmigkeit gewöhnten Bürger Württembergs beleidigt und vor der Welt schmäht?

S.: Die Frage, ob es einen Gott gibt, ob er Unrecht straft und Recht schützt, ist ein Problem, welches von den Theologen häufig erörtert worden ist.

Der Herzog: Von den Theologen, doch nicht von den Komödianten. Allein, es ihnen zuzustecken, ist eine Geschmacklosigkeit.

S.: Ich weiß genau, dass viele junge Leute gleich mir diese Frage umtreibt.

Der Herzog: Komm Er mir nicht so. Es geht Ihm doch um etwas ganz anderes: Er will den Leuten Lust machen auf Rebellion. Auf Auflehnung, auf Gottlosigkeit. Meint Er, ich merkte das nicht?

S.: Mit einem weniger verbogenen Rückgrat wären die Leute auch bessere Untertanen.

Der Herzog: Er ist ein Phantast. Und was schlimmer ist: Er

ist vom Bösen fasziniert, Er ist mit dem Bösen im Spiel. Dagegen aber hat eine Obrigkeit, die von Gott eingesetzt ist, Waffen zu ergreifen. Und Er kann gewiss sein: Wir verfügen über solche Waffen.
S.: Daran zweifle ich nicht, gnädiger Herr. Nur erlaubt mir, ehe sie gegen mich verwendet werden, noch dies zu bemerken: Könnte es nicht sein, dass einer aus Empörung und Trauer das Böse beschwört, um zu zeigen, wie am Ende doch das Gute triumphiert? Könnte es nicht sein, dass einer eine so große Sehnsucht nach dem Edlen und Guten hat, dass er sich angesichts der realen Zustände gerade deswegen schämt und das Böse darstellt, um die Empörung dagegen wachzukitzeln?
Der Herzog: Er hat eine seltsame Logik, die so verdreht ist wie die Logik in seinem Stück.
Das Gespräch, das so nie stattgefunden hat, das S. sich nur in seinem Innern ausmalt, bricht ab, weil draußen auf der Gasse irgendein Geräusch zu hören ist. Ist das etwa schon Streicher mit dem Klavier auf der Chaise? Nein, das Geräusch entfernt sich wieder und S. spinnt seine Abwägung weiter fort. Einem Dichter zu verbieten zu dichten! Es ist lächerlich und ebenso unmöglich, wie einem Maler zu verbieten zu malen oder einem Komponisten zu verbieten zu komponieren – einem Menschen zu verbieten zu atmen!
Was ihn empört, was ihn in Rage bringt, ist die Vorstellung, der Herzog, dieser Vater über allen Vätern, habe das Recht dazu, über alles gebieten zu können, selbst noch über die

Gedanken. Dem muss endlich Paroli geboten werden. Mit Gedichten, wie er sie zu schreiben gedenkt, mit Stücken, wie sie sein Hirn schon ausbrütet. Wenn er nun tatsächlich geht – und je länger er nachsinnt, desto mehr wird auch sein zweifelndes Gewissen überzeugt, dass es sein muss, koste es, was es wolle –, dann wird ihm niemand vorhalten können, er habe es nicht noch einmal gütlich versucht. Er hat nämlich noch einmal, im Ton eines folgsamen Sohnes, an den Herzog geschrieben:
Friedrich S. bittet untertänigst um gnädige Erlaubnis, ferner literarische Schriften bekannt machen zu dürfen. Eine innere Überzeugung, dass mein Fürst und unumschränkter Herr zugleich auch mein Vater sei, gibt mir gegenwärtig die Stärke, höchst demselben einige untertänigste Vorstellungen zu machen, welche die Milderung des mir zugekommenen Befehls zur Absicht haben.
Die Annahme des Briefes ist verweigert worden. Sollte S. weitere Bittschriften im Sinn haben, so hat der Herzog ihm mitteilen lassen, würden diese mit der Verhängung von Arrest beantwortet werden.
Wunderbar! Welch ein Hochmut!
Da bleibt nur die Flucht.
Während er auf und ab geht, schreit S. aus sich heraus gegen die Dielen hin: »Ja, ja, ja, es muss sein! Meine Knochen haben mir im Vertrauen gesagt, dass sie nicht in Schwaben verfaulen wollen!«
Und er denkt an die Mutter, die eingeweiht ist, und was sie

vom Vater, auf den aller Ärger zukommt, zu hören bekommen wird.
Immer sind es die Väter, der leibliche Vater gegen die Mutter, der Landesvater gegen den leiblichen Vater und alle im Namen von Gottvater, die sich als tyrannisch erweisen.
Ja, er hat recht daran getan, in seinem Stücke ein Zorneswort gegen alle Väter zu schleudern, die vorgeben, die Ordnung zu schützen, aber in Wahrheit ist es nur ihre Bequemlichkeit, ihre Lust an der Macht, ihr Hang zur Grausamkeit, was sie damit bemänteln.
Ha, er spürt die Kraft, in diesem Punkt einiges zu bewegen, und er muss es tun. Vielleicht hat er deswegen all die qualvollen Erfahrungen mit einem dreifachen Vater gemacht, dem leiblichen, dem im Himmel und dem auf dem Fürstenthron, um der Fron unter den Vätern, unter der so viele leiden, eine Stimme zu geben.
Es ist jetzt entschieden, dass er gehen muss. Bei aller Unsicherheit, bei aller Ungewissheit, bei allen Härten, die ihn als Emigrant erwarten.
Wenn Streicher an die Tür klopft, wird er ihn hochgestimmt und begeistert umarmen. Und springen, springen, in die Freiheit, was immer sie bringt. Und er weiß wohl, es wird nicht nur Zuckerschlecken und Ruhm sein, was ihn erwartet, sondern auch Heimatlosigkeit, Verzweiflung, Hunger, Einsamkeit. »Ja,« sagt er zu sich selbst und zum Herzog, »zu einem Spitzbuben will's Grütz.«

Friedrich Schiller
* 10.11.1759 in Marbach, ✝ 9.5.1805 in Weimar

Johann Christoph Friedrich Schiller (geadelt 1802) wird am 10. November 1759 in Marbach geboren. Der Vater, Johann Kaspar Schiller, ist Wundarzt und Offizier. Die Mutter, Dorothea Kodweiß, ist die Tochter eines Gastwirts aus Marbach.
Friedrich wird im Elternhaus durch den schwäbischen Pietismus geprägt.
1767 tritt Friedrich Schiller in die Lateinschule von Ludwigsburg ein, wo die Familie inzwischen lebt. Sechs Jahre später muss Schiller auf Befehl des Herzogs Carl Eugen von Württemberg auf die Militärische Pflanzschule (später »Hohe Karlsschule«) wechseln. 1775 beginnt Schiller das Studium der Medizin. 1780 beendet er diese Ausbildung und wird Regimentsmedikus in Stuttgart.
Friedrich Schiller hat früh zu schreiben begonnen. Mit siebzehn veröffentlicht er sein erstes Gedicht, *Der Abend*. Es erscheint, ohne den Namen des Verfassers, im *Schwäbischen Magazin*. Von 1780 an arbeitet Friedrich Schiller an den *Räubern*. Im Januar 1782 wird das Stück mit großem Erfolg in Mannheim aufgeführt. Friedrich Schiller ist bei der Uraufführung dabei, allerdings ohne vorher Urlaub zu nehmen. Nach einer zweiten unerlaubten Reise nach Mannheim er-

hält er vierzehn Tage Arrest. Der Herzog verbietet ihm das »Komödienschreiben«. Friedrich Schiller widersetzt sich dem Befehl und flüchtet aus Stuttgart ins »Ausland«. Zuerst geht er nach Mannheim, später nach Frankfurt am Main und schließlich nach Bauerbach in der Nähe von Meiningen. Dort entsteht im Dezember 1782 *Kabale und Liebe* (ursprünglicher Titel: *Luise Millerin*).

Es folgt eine Zeit des Umherirrens, der Not und der Krankheit. 1783/84 schreibt Schiller *Die Verschwörung des Fiesko zu Genua*. 1787 beendet er den *Don Carlos*. In einem Brief aus dem Jahre 1782 an den Bibliothekar Hermann Reinwald teilt er über seine Phantasietätigkeit und Arbeitsweise mit: »Wir schaffen einen Charakter, wenn wir *unsere* Empfindungen und unsere historische Kenntnis von *fremden* in andere Mischungen bringen [...] Alle Gestalten unserer Phantasie wären also zuletzt nur wir selbst.«

1785 lädt Christian Gottfried Körner, Rat im Konsistorium in Dresden, den Autor ein. Körner ist ein Bewunderer Schillers. Er unterstützt den Dichter finanziell und stellt den Kontakt zu dem Verleger Göschen her, der die von Schiller herausgegebene Zeitschrift *Thalia* verlegen soll. In dieser Zeit, in Hochstimmung über die Freundschaft mit Körner, entsteht die berühmte Ode *An die Freude*.

Friedrich Schiller muss sich zunächst als »Tagesschriftsteller« durchschlagen. Er schreibt Erzählungen wie *Der Verbrecher aus verlorener Ehre* und *Der Geisterseher*, Texte, die eine Vorliebe für Kolportage erkennen lassen. Für seine Zeit-

Friedrich Schiller

schriften *Thalia* und *Neue Thalia* verfasst er zahlreiche Beiträge selbst.
1789 lässt Schiller sich in Jena nieder. Man hat ihm eine zunächst unbesoldete Professur für Geschichte angeboten. Als Herzog Carl August ihm einen Ehrensold von 200 Talern bewilligt, kann Schiller endlich Charlotte von Lengefeld heiraten. Er hat sie im November 1787 kennen gelernt. Ihrer Mutter, einer Witwe mit zwei Töchtern, ist er schon in Mannheim begegnet.
In den Jahren 1788 bis 1793 entstehen die Geschichtswerke *Geschichte des Abfalls der Vereinigten Niederlande von der Spanischen Regierung* und *Die Geschichte des Dreißigjährigen Krieges*. Letztere wird im *Historischen Kalender für Damen* abgedruckt und ist mit 7.000 verkauften Exemplaren ein Publikumserfolg.
Die Jahre des Hungers und des Elends haben Folgen: 1784 erkrankt Schiller an Tuberkulose. Doch jetzt bessern sich Schillers materielle Verhältnisse. 1791 gewährt ihm ein adliger Gönner in Dänemark eine Ehrengabe von 100 Talern jährlich. Ein Jahr darauf wird er zum Ehrenbürger der Französischen Republik ernannt.
1793 entsteht der Aufsatz *Über Anmuth und Würde*, der eine Weiterentwicklung der Vorstellung des Philosophen Emanuel Kant darstellt. »Neigung zur Pflicht heißt Befolgung des Vernunft-Gesetzes.« Allerdings ist die erwünschte Harmonie zwischen den sittlichen und den sinnlichen Kräften des Menschen ein nur schwer erreichbares Ideal. Aus

dem Kampf zwischen beiden Strebungen soll durch das Erstarken der Vernunft das Geistige über das Sinnliche den Sieg davontragen. Der Sieg der geistigen Freiheit bringt »die Würde« des Menschen, einer der Schlüsselbegriffe der Klassik.

1795 schließt Schiller die Briefe *Über die ästhetische Erziehung des Menschen* ab, in denen er das »Ideal eines sittlich schönen Daseins« entwickelt. Seine Vorstellung von der Aufgabe des Künstlers drückt sich dabei in den Versen aus: »Der Menschen Würde ist in eure Hand gegeben, / bewahret sie! / Sie sinkt mit euch! Mit euch wird sie sich heben.«

1788 und im Sommer 1794 trifft Schiller mit Goethe zusammen. Zunächst empfindet Schiller Abneigung und Skepsis. »Dieser Mensch, dieser Goethe ist mir einmal im Wege, und er erinnert mich so oft, daß das Schicksal mich hart behandelt hat.« Aber dann entwickelt sich eine enge Freundschaft zwischen den beiden Dichtern.

Von 1797 bis 1799 schreibt Schiller die berühmten Balladen *Der Taucher*, *Der Handschuh*, *Ring des Polykrates*, *Die Bürgschaft* und schließlich *Die Glocke*, in denen sich seine ethischen Ideale literarisch ausdrücken. Sie unterscheiden sich von den Balladen Goethes, der auch in seinen erzählenden Gedichten ein Stimmungslyriker ist, durch einen ausgeprägten Sinn für Dramatik, durch ihren Ideengehalt und eine realistisch bestimmte sinnliche Fülle und Kraft.

Ende 1799 siedelt Schiller nach Weimar über. Damit beginnt die eigentliche Phase der Weimarer Klassik. Schiller gibt nun die Zeitschrift *Die Horen* heraus. Die Schrift *Über naive und sentimentalische Dichtung* versucht eine »persönliche und historische Standortbestimmung« des modernen Dichters. Das »Naive« ist nach Schiller Ausdruck für die Harmonie des Menschen mit der ihn umgebenden Natur – wobei Natur auch Gesellschaft mit einschließt. Das »Sentimentalische« dagegen weiß von den unheilbaren gesellschaftlichen Widersprüchen, vom Gegensatz von Ideal und Wirklichkeit. Der Grundgedanke der Abhandlung ist die Bestimmung des Dichters als Bewahrer der Natur. Der Dichter kann entweder Natur sein (naive Dichtung) oder die in der Künstlichkeit der Kultur verlorene Natur suchen (sentimentale Dichtung).

In der Zeit von 1798 bis 1804 entstehen in rascher Folge die klassischen Dramen *Wallenstein, Maria Stuart, Die Jungfrau von Orleans, Die Braut von Messina, Wilhelm Tell* und *Demetrius*. Die letzten drei Werke bleiben Fragmente.

Am 9. Mai 1805 stirbt Friedrich von Schiller an den Folgen einer Rippenfellentzündung in Weimar. Er wird zunächst in der Jacobikirche beigesetzt und 1827 in die Fürstengruft zu Weimar überführt.

 Lesevorschlag:

> Als Einstieg in Schillers Werk sind seine Balladen zu empfehlen, so etwa *Der Handschuh, Die Bürgschaft* oder *Der Ring des Polykrates*.

Danach sollte man seine Theaterstücke lesen, vielleicht als Erstes *Die Räuber* und *Kabale und Liebe,* und sie sich, wann immer möglich, auch auf der Bühne ansehen.

👁 Besichtigungstipps:

In Marbach bei Stuttgart kann man Schillers Geburtshaus besuchen, in der Niklastorstraße Nr. 31, wo sich heute ein Schiller-Museum befindet.
In Jena ist der letzte Wohnsitz des Dichters zu besichtigen: Die »Schiller-Gedenkstätte« befindet sich im Schillergässchen.
In Weimar lohnt ein Besuch des Schiller-Museums.

Über Bettina von Arnim
Frederik Hetmann

»Mein Bruder, mein Liebster«

Bettina wohnt noch nicht lange in Offenbach bei der Großmutter, als eines Tages unerwartet Besuch kommt. Sie spielt gerade mit ihrer Puppe, was sie nur noch selten tut, weil sie sich eigentlich mit ihren zwölf Jahren schon etwas zu alt vorkommt, um noch mit Puppen zu spielen. Aber ab und zu tut sie es dennoch, weil die Puppe etwas ist, was man an sich drücken und lieb haben kann. Wenn sie also Lust hat aufs Liebhaben und Liebgehabtwerden, spielt sie mit der Puppe.
An diesem Vormittag geht nun plötzlich die Tür auf. Ein fremder junger Mann kommt herein. Lachend, wild, stürmisch, verwegen. Schwer abzuschätzen, wie alt er sein mag. Vielleicht neunzehn oder zwanzig. Er gefällt ihr mit seinem schwarzen Haar, das so dicht und weich ist, den dunklen Augen und der ungewöhnlich weißen Haut. Sie schämt sich etwas, weil er gesehen haben wird, wie sie mit der Puppe gespielt hat. Da müsste er sie ja für ein Kind halten. Und von so einem möchte sie viel lieber schon als junge Frau angesehen werden. Sie wirft rasch die Puppe unter den Tisch und hofft, sie werde ihm dort nicht auffallen.
Er setzt sich, streckt beide Arme nach ihr aus und sagt: »Komm her, du Hübsche. Weißt du nicht, wer ich bin?«
Sie läuft zu ihm hin. Sie ist so voller Vertrauen wie sonst nie.

Er schließt sie in die Arme, küsst sie, drückt sie ganz fest an sich, was sie als angenehm empfindet. Er hebt sie hoch, setzt sie vor sich auf die Knie und sagt: »Ich bin der Clemens.«
Sie weiß, sie hat einen Bruder, der Clemens heißt. Recht häufig ist von den Erwachsenen über ihn gesprochen worden. Sie sagen, er tue nicht gut. Man hat es im Geschäft mit ihm versucht. Da hat er ein respektloses Märchen über den Kaufmannsstand gedichtet und sich immer in die Bibliothek des alten Buchhalters Schwab davongeschlichen, um dort zu schmökern. Er hält sich für einen Dichter, sagen die Erwachsenen und verdrehen die Augen dabei, als ob das etwas Schändliches wäre.
Ihr hat es immer auf der Zunge gelegen, jene zu verteidigen, die versuchen, Dichter zu werden. Wenn sie nämlich Dichter geworden sind, dann bewundert man sie und gäbe was darum, sie zu kennen. Aber bis sie es sind, in der Zeit, da sie es schwer haben, spottet man über sie, redet von brotloser Kunst und Wolkenkuckucksheim und dass sie noch in der Gosse enden würden.
Clemens haben die Eltern nach Langensalza zu einem Geschäftsfreund des Vaters in die Lehre gegeben. Dort hat er für Aufregung gesorgt und ist wegen Frechheit gegenüber der Prinzipalin rasch wieder nach Hause geschickt worden. Er ist dann zu dem Onkel nach Schönbeck bei Magdeburg gegangen, der dort eine Saline leitet. Er hat angefangen, das Bergfach zu studieren.
Bettina kann sich vorstellen, wie öde das ist: zu lernen, wie

die Steine alle heißen. Gewiss, es gibt bunte und funkelnde Steine, aber allemal sind doch Steine etwas Totes, Starres und als solches ihr unsympathisch.

Nach dem Tod des Vaters hat Clemens erst in Halle studiert, es dort aber wieder einmal nicht ausgehalten, schließlich das Studium und die Universität gewechselt. Jetzt studiert er Medizin in Jena und ist wohl während der Semesterferien für ein paar Tage nach Frankfurt gekommen.

All dies ist im Familienkreis irgendwann einmal mit Sorge, Skepsis oder Empörung erzählt oder besprochen worden. Sie hat es mit angehört, zum einen Ohr hinein, zum anderen wieder raus. Sie weiß es und weiß es nicht, und wenn sein Name fällt, denkt sie nur: Ach der, der dichtet, der so frech sein soll und überall aneckt.

Aber jetzt hat sich der Name in einen lebendigen Menschen verwandelt, der ihr gefällt, zu dem gleich eine Verbundenheit da ist. So lässt sie es sich auch gefallen, dass er sie aufhebt, sie in einen Sessel setzt, die Puppe unter dem Tisch hervorholt, sie ihr in den Arm legt und zu ihr sagt: »Du musst sie wiegen und etwas für sie singen. Sie will gewiegt und in den Schlaf gesungen sein.«

»Aber«, sagt Bettina, »ich spiel sonst gar nicht so viel mit Puppen.«

»Dann gib sie mir. Ich spiele gern damit. Wünsche mir, sie wäre mein Kind und ein schönes Mädchen wie du hätte sie mir geboren.«

Tatsächlich nimmt er die Puppe, streichelt sie und fängt an, ein Lied zu singen. Das ist so fein und merkwürdig, dass es ihr Gänsehaut auf dem Rücken macht:

»Wenn die Sonne weggegangen,
kommt die Dunkelheit heran,
Abendrot hat goldne Wangen,
und die Nacht hat Trauer an.

Seit die Liebe weggegangen,
bin ich nun ein Mohrenkind,
und die roten, frohen Wangen
dunkel und verloren sind.

Dunkelheit muß tief verschweigen
alles Wehe, alle Lust;
aber Mond und Sterne zeigen,
was mir wohnet in der Brust.«

Sodann legt er die Puppe vorsichtig auf das Sofa, streicht das Tuch vom Tisch, wickelt sie darin ein und klopft für das Kind das Kissen zurecht.
»Sie muss jetzt schlafen«, sagt er. »Wünschen wir ihr schöne Träume.«
Bettina sitzt immer noch in ihrem Sessel. Für ihn ist die Puppe jetzt vergessen. Das lässt sich an seinem Gesicht ablesen.
»Und nun zu Euch, mein Fräulein«, sagt er, kniet sich vor sie hin und sieht zu ihr auf.

Jetzt hat sie das Verlangen, die Arme um seinen Hals zu legen und ihn zu küssen, aber sie tut es nicht. Es ist merkwürdig. Er ist ihr so ähnlich. Er kommt ihr so vertraut vor, obwohl sie ihn doch nur von dem kennt, was andere über ihn erzählt haben. »Wer bist du?«, fragt sie.
»Das sagte ich schon. Ich bin der Clemens.«
»Und wie bist du, Clemens?«
»Ha, das wüsste ich auch gern. Kannst du mich nicht etwas Leichteres fragen? Jeden Morgen wache ich auf und denke, ich wüsst's. Jeden Abend geh ich zu Bett und bin anderen und mir selbst ein Rätsel. Ich bin … Warte, da fällt mir etwas ein. Die Rätin Goethe hat mir gestern Abend ins Stammbuch geschrieben, als ich ihr meine Aufwartung machte:
Wo dein Himmel ist, / da ist dein Vaduz. / Ein Land auf Erden / ist dir nichts nutz. / Dein Reich ist in den Wolken / und nicht von dieser Erden. / Sooft es sich mit dieser berühret, / muss es Tränen regnen.«
»Das klingt, als seist du ein Luftschiffer.«
»Gar nicht schlecht! Wunderbar! Stell dir vor: Du und ich und unser Kind da – könnt auch armer Leute Kind sein, die's ausgesetzt haben, und wir haben's gefunden in einer blühenden Wiese –, wir wären in der Gondel eines Luftschiffes, das immer höher und höher steigt. Eben, damit wir nie mehr die Erde berühren und uns an schartigen Felsen nicht die Zehen anstoßen und es dann Tränen regnet. Und so weiter und so weiter … bis über die Wolken, bis wir in ein Sonnenland kommen. Dort steigen wir aus und lassen es uns wohl sein.«

»Und was für Blumen und Bäume gedeihen in dem Sonnenland?«
»Oh, das können wir selbst bestimmen.«
Als er mittendrin ist, das Sonnenland auszumalen, bricht er plötzlich ab und fragt todtraurig: »Bettina, denkst du manchmal noch an unsere Mutter?«
»An Vater und Mutter.«
»Nun«, antwortet Clemens, »den Vater lass meinetwegen im Vergessen. Er war ein harter Mann. Im Sonnenland würden wir ihm nie begegnen. Aber die Mutter … die muss bei den Engeln sein.«
»Clemens, was sind das für Gedanken? Immer wenn ich die Gräber besehen gehe in der Katharinenkirche und recht traurig bin, sag ich mir, sie sind gar nicht gestorben, sie sind eine Blume, ein bisschen Sand oder ein Vogel. Und ich mag es nicht, dass du den Vater schmähst. Er ist mir auch lieb und wert.«
»Er hat die Mutter ins Grab gebracht. Das vergess ich ihm nie.«
»Er war freundlich und hat die Mutter geliebt, wie wir auch.«
»Was verstehst du schon davon, du warst damals noch viel zu klein. Aber hast du noch nie jemanden sagen hören, dass die Mutter heute noch leben könnte, wenn er nicht mit seiner Härte und Strenge das Haus verfinstert hätte?«
Jetzt ist seine Stimme ganz anders, schneidend und kalt.
»Er steht nicht so in meiner Erinnerung«, verteidigt Bettina

den Vater. »Clemens, du verläufst dich in einen Hass, der noch dazu ungerecht ist.«

»Nein, nein. Gerecht ist er und auch notwendig«, sagt Clemens. »Je mehr ich ihn hasse, desto mehr kann ich sie lieben.«

Bettina sieht ihn entsetzt an. Woher kommt das? Was macht, dass wir der Liebe so bedürftig sind und dass Hass und Liebe so nahe beieinander wohnen?

Clemens greift nach ihrer Hand und streichelt sie. »Habe ich dich verschreckt, gutes Kind? Verzeih. Und sprich zu niemandem davon. Auch zur Großmutter nicht. Bitte. Ich hätte auch gar nicht davon angefangen, wenn ich nicht gespürt hätte, wie nahe wir einander sind.«

»Das habe ich auch gerade gedacht ... Obwohl wir uns doch kaum gesehen haben. Obwohl du um so vieles älter bist als ich.«

»Das Alter ist dabei ohne Belang«, sagt Clemens.

»Ich bitte dich«, sagt sie, »verrenn dich nicht in deinem Zorn auf den Vater, was immer er dir auch getan haben mag. Er ist tot und hat verdient, dass wir ihn in Ehren halten.«

»So? Hat er?«, fragt Clemens wieder mit diesem schneidenden Hohn, dieser Erbitterung in der Stimme.

»Ich mag es nicht, wenn du so bist.«

»Dann hilf mir, nicht so zu sein. Ich bin es nicht gern. Aber es ist gut, wenn du mich gleich so kennen lernst. Ich finde nie genug Liebe, dass dieses Gift in mir davon aufgesaugt würde. Könntest du mich lieben?«

Sie ist verwirrt. Sie liebt ihn ja.
Es ist da ein neues Gefühl in ihr, von dem sie ahnt, dass es mit der Liebe zu tun hat, die Frauen Männern entgegenbringen.
Er redet schon weiter. »Ich denke mir: Da wir Bruder und Schwester sind, von derselben Mutter geboren, kennst du das gewiss auch, diesen geradezu wütenden Hunger danach, geliebt zu werden.«
»Haben den nicht alle Menschen?«
Darauf gibt er ihr keine Antwort, sondern redet abermals weiter. »Sie werden dir auch gewiss erzählt haben, dass ich so viele Liebschaften gehabt habe und immer rasch neue suche. Das ist wohl richtig. Aber das kommt nur daher, dass ich bei aller Suche noch nie auf die richtige Gegenliebe gestoßen bin. Und jetzt ist so eine Ahnung in mir, als könnte ich sie bei dir finden.«
»Ich weiß nicht«, sagt Bettina, »wie sollte das wohl angehen?«
»Indem wir miteinander reden in solchem Vertrauen wie eben.«
»So leicht wäre das?«
»Es scheint dir nur jetzt leicht. Es ist schwer. Wir müssten einander dabei immer mehr gleich werden, bis es nicht mehr den geringsten Unterschied gibt zwischen dir und mir. Wir müssten einander alles Wichtige, das sich in unserem Leben ereignet, immer mitteilen, damit wir uns nicht entfremden. Und wenn sich der eine oder andere von uns beiden verliebt,

dürfte das die Liebe, die zwischen uns ist, nicht behelligen. Das wäre ein großartiges Unternehmen.«
Ach, was redest du nur so hochgestochen daher, denkt sie. Sie hat eine entfernte Ahnung von dem, was er meint, wenn er von diesem wütenden Hunger nach Liebe spricht, aber das, was er da eben gesagt hat, ist ihr zu hoch. Sie liebt ihn. Das muss sie sich merken als Kennzeichen für die Liebe, dass es gar nichts ausmacht, wenn der andere dummes Zeug plappert oder etwas tut, was man nicht begreift.
Sie legt die Arme um seinen Hals und gibt ihm einen Kuss. Sie küsst ihn so, wie sie meint, dass eine Frau, die sie noch nicht ist, einen Mann, der er ist, küssen müsste. Sie merkt, wie es ihm gefällt.
Drei Tage lang wacht sie mit dem Gedanken auf: Heute sehe ich meinen Liebsten. Sie trällert und ist ausgelassen. Es ist großartig, verliebt zu sein. Man wird so leicht dabei, so vergnügt.
Er kommt jeden Vormittag.
Sie schwänzt die Französischlektion und den Klavierunterricht. Mögen die Lehrer zur Großmutter rennen und sich beschweren. Mag die Großmutter schimpfen. Bettina ist verliebt, zum ersten Mal, mit Haut und Haar. In einen Jungen, der Clemens heißt. Und der ihr Bruder ist. Nein, sie will lieber niemandem davon erzählen. Auch der Großmutter nicht.
Sie gehen am Main spazieren oder sitzen im Geäst der Akazie. Er hat erzählt und erzählt, ihr seine ganze Verbitterung,

all die heruntergewürgten Erlebnisse anvertraut. Sie lernt ihn in diesen drei Tagen so gut kennen wie keines ihrer Geschwister. Sie wacht nachts auf und fragt sich: Was ist er nun eigentlich, mein Bruder oder mein Liebster? Und als sie ihn dies fragt, weil die Art, wie sie miteinander umgehen, sich küssen und miteinander schmusen, ihr nicht nur diesen herrlichen Kitzel gibt, sondern sie auch beunruhigt, sagt er: »Warum dazwischen eine Grenze ziehen mit Worten? Warum immer alles festschreiben und einsperren in ein Kästchen? Es mit einem Etikett versehen. Hier die Rosenblättermarmelade, dort die Essigfrüchte. Warum kann zwischen uns nicht etwas sein, wofür es noch kein Wort gibt? Mögen sich die Leute darüber den Kopf zerbrechen, bis jemand das richtige Wort dafür gefunden hat. Uns muss das nicht kümmern. Wir haben dem treu zu sein, was unsere Seele uns anzeigt.«
Da merkt sie wieder, wie ähnlich ihre Gefühle sind und wie verschieden von denen anderer Menschen. Nur eben, dass er das ausdrücken kann und sie nicht. Wie macht er das bloß ... für alles Worte finden, so leicht und sicher, als greife er sie aus der Luft.
»Ich wette, dass du es auch dahin bringen würdest«, sagt er, »man muss ständig üben, seine Gefühle zu definieren, auch die vagsten und kompliziertesten ...«
Am nächsten Tag kommt er nicht, am übernächsten auch nicht. Sie ist bedrückt. Soll sie nach Frankfurt gehen und ihn aufsuchen? Aber sie hat schon Ärger genug, wegen der Fran-

zösischlektionen und Musikstunden, die sie seinetwegen geschwänzt hat.

Was ist nur? Er wird schon kommen. Wenn man einen liebt, darf man nichts Böses von ihm denken. Dennoch kann sie plötzlich im Garten stehen bleiben und ungeduldig mit dem Fuß scharren. Die Tante sieht es und fragt, ob sie ein Gaul sei oder ein Hund. Sie möge daran denken, dass ein Paar Schuhe auch etwas kosten. Sie müsse ja nicht dafür zahlen.

»Etwa du?«, erwidert sie patzig und gleich darauf tut es ihr Leid, dass sie es gesagt hat.

Natürlich fällt es der Großmutter auf, dass sie bedrückt ist. Bei Tisch fragt sie: »Bist du traurig, Kind, weil der Clemens sich gar nicht mehr blicken lässt? Ist es das?«

Sie nickt stumm und kämpft mit den Tränen.

Da sagt die Tante: »Du solltest wissen, Bettina, dass seit gestern Sophie von ihrer Freundin aus Koblenz zurück ist. Du weißt doch, dass sie seine Lieblingsschwester ist und seine Vertraute in allen Herzensdingen. Da ist jede andere abgemeldet. Ob nun in Frankfurt oder hier. Damit musst du dich abfinden.«

Sophie, die mit dem einen Auge, die mit den ewigen Kopfschmerzen. Mit Sophie ist er die Jahre bei den Möhns zusammen gewesen, ehe sie ihn in dieses »Erziehungsinstitut für Zöglinge des männlichen Geschlechts aller drei christlichen Religionsparteien« gesteckt haben. Der Name der Schule hat sich bei ihr festgehakt, weil sie sich nicht hat erklären können, warum es denn drei Religionen seien. Bis ihr dann jemand erklärt hatte, dass nicht nur zwischen Katholiken und Protestanten, sondern auch noch zwischen den Lutheranern und den Reformierten unterschieden werden müsse.

Es stimmt schon, was die Tante sagt. Bettina weiß, er wird nicht mehr kommen, jetzt, da die Sophie zurück ist. Mit ihr war es nur ein gefälliges Spiel, weil's ihm langweilig gewesen ist. Mit seinen Worten und Einfällen kann er wohl jedes Mädchen betrunken machen, es braucht da keinen Wein.

So ist er nun einmal, spricht sie ihn frei und schimpft auf sich, dass sie all seine Reden ganz ernst und heilig genommen hat. Wie töricht. Was ist sie doch für ein dummes Schaf, zu glauben, dass es für einen Zwanzigjährigen von Bedeutung sein könnte, ob sie ihn liebe oder nicht. Sie kommt sich betrogen vor, gedemütigt, möchte mit ihren Fäusten auf ihn einhämmern. Ach, das würde ihm ja gar nicht wehtun. Sie möchte ihn mit etwas treffen, was ihn schmerzt.

Er lässt sich in diesen Ferien nicht mehr sehen. Sie hört davon, dass er immer mit Sophie zusammensteckt. Ach Clemens, wie muss ich dir komisch vorgekommen sein. Gewiss wird ihn Sophie auch verlieren an eine Rieke, Tine oder Stine. Das steht für sie fest, aber es ist ein schwacher Trost.

Bettina von Arnim
* 4.4.1785 in Frankfurt am Main, ✝ 20.1.1859 in Berlin

Bettina von Arnim, geborene Brentano, kommt am 4. April 1785 als siebtes Kind des italienischen Großkaufmanns Peter Anton Brentano und seiner Ehefrau Maximiliane von La Roche zur Welt. Nach dem Tod der Mutter, in die der junge Goethe einst verliebt gewesen war, wächst sie ab 1793 in einer katholischen Klosterschule in Wetzlar auf. 1797 stirbt auch der Vater. Bettina lebt danach zunächst im Haus ihres Halbbruders Franz in Frankfurt und ab Juli 1797 bei ihrer Großmutter Sophie von La Roche in Offenbach. Sophie von La Roche ist eine damals berühmte Autorin, die die erste deutsche Frauenzeitschrift herausgegeben hat.

Bettinas sieben Jahre älterer Bruder Clemens Brentano beeinflusst sie stark in ihren künstlerischen Interessen. Sie befreundet sich mit der in einem Frankfurter Stift lebenden Karoline von Günderode (1780 bis 1806), die als Lyrikerin hervortritt und schließlich, nach einer Liebesbeziehung mit einem verheirateten Mann, im Rheingau Selbstmord begeht.

Bettina hat schon als Kind im Frankfurter Haus von Goethes Mutter die Bekanntschaft des großen Dichters gemacht. Als Heranwachsende und junge Frau sucht sie schwärmerisch Kontakt zu Goethe und führt einen intensiven Briefwechsel

mit dem sechsunddreißig Jahre älteren Johann Wolfgang von Goethe. Sie wird 1835 den viel beachteten Briefroman *Goethes Briefwechsel mit einem Kinde* veröffentlichen.
1811 heiratet sie nach neunjähriger Verlobungszeit den märkischen Landedelmann Achim von Arnim, einen Freund ihres Bruders Clemens. Achim von Arnim, Sohn eines Schauspieldirektors, ist ebenfalls Schriftsteller. Er schreibt Romane und hat zusammen mit Bettinas Bruder Clemens Brentano zwischen 1806 und 1808 die Liedersammlung *Des Knaben Wunderhorn* herausgegeben.
Bettina lebt ab 1811 auf dem Gut Wiepersdorf und in Berlin. In der Hauptstadt Preußens unterhält sie Kontakte zu so bedeutenden Künstlern wie Karl Friedrich Schinkel, Ludwig Tieck, Hoffmann von Fallersleben und Varnhagen von Ense. Eng mit dem Ehepaar befreundet und Patin eines ihrer Kinder sind die Brüder Grimm.
Bettina bringt während ihrer Ehe mit Achim von Arnim sieben Kinder zur Welt. Erst nach Arnims Tod 1831 wird sie selbst wieder literarisch tätig. Sie arbeitet als Autorin, Verlegerin und Herausgeberin des Gesamtwerkes ihres Ehemannes.
1840 verfasst sie *Die Günderode* und vier Jahre später *Clemens Brentanos Frühlingskranz*, beides typische Beispiele für Briefromane, in denen allerdings nicht die Originalbriefe erscheinen, sondern deren literarische Bearbeitung.
Bettina von Arnim setzt sich intensiv mit ihrer Zeit auseinander. Sie tritt für politisch Verfolgte, für Gefangene und

Unterdrückte ein. 1842 veröffentlicht sie *Dies Buch gehört dem König*. Darin appelliert sie an den König von Preußen, die Lage der Unterschicht zu verbessern, und stellt das Problem der Verarmung einer breiten Öffentlichkeit vor. Sie gerät dadurch zunehmend in Gegensatz zum preußischen König. In *Gespräche mit Dämonen. Des Königsbuch 2. Teil* entwickelt sie eine politische Utopie. Dieses Buch bringt sie 1852 in Konflikt mit der preußischen Zensur.

Bettina von Arnim erleidet 1854 einen Schlaganfall. Am 20. Januar 1859 stirbt sie nach langer Krankheit in Berlin.

Lesevorschlag:

Als Erstes könnte man den Briefroman lesen, der Bettina von Arnim mit einem Schlag berühmt machte: *Goethes Briefwechsel mit einem Kinde*. Immer noch lesenswert ist auch ihr zweiter großer Briefroman, *Die Günderode*, für den sie ihren Briefwechsel mit ihrer Jugendfreundin bearbeitete.

Wer mehr wissen möchte über Bettina von Arnim, dem ist die Biographie *Bettina und Achim* von Frederik Hetmann zu empfehlen.

Besichtigungstipp:

Das Haus der Familie Brentano in Frankfurt und das der Großmutter in Offenbach sind im Zweiten Weltkrieg den Bomben zum Opfer gefallen. Es lohnt sich aber ein Besuch auf dem Landgut Trages zwischen Hanau und Gelnhausen. Hier haben Bettina und Clemens und viele ihrer Freunde verkehrt.

Etwa 90 Kilometer südlich Berlins steht das barocke Herrenhaus des Gutes Wiepersdorf, auf dem Bettina von Arnim und ihr Ehemann Achim von Arnim lebten. Das weiße Schloss und der schöne Garten an seiner Rückfront sind erhalten. Neben der Kirche findet man die Gräber der von Arnims. Manch ein Besucher möchte es vielleicht dem Dichter Günter Eich nachtun: »Dem Leben, wie sie's litten, / aufs Grab der Blume Lohn: / Für Achim Margeriten / und für Bettina Mohn!«

Friedrich Hölderlin

Über Friedrich Hölderlin
Frederik Hetmann

Begegnung mit einem Unbekannten

Friedrich ist Magister der Philosophie, vierundzwanzig Jahre alt, Verfasser hymnischer, schwer verständlicher Gedichte – und Hauslehrer, weil man auf irgendeine Weise ja seinen Lebensunterhalt verdienen muss. Schon auf der Reise hierher, nach Jena, hat es ihn gefröstelt. Und immer noch friert ihn, selbst nachts im Bett.

Gewiss, dieses Gartenhäuschen des Buchhändlers Voigt, das ja hübsch anzusehen ist, lässt sich nicht recht heizen. Aber das ist es nicht. Es ist eine Kälte in ihn gefahren, die nichts mit der Witterung zu tun hat.

Nach Jena wollte er unbedingt, nachdem er in Stuttgart das Konsistorialexamen bestanden und sich eigentlich nach einer Pfarrstelle hätte umsehen sollen. In Jena verlocken ihn die Vorlesungen des Professors Fichtel; und heute noch will er Schiller besuchen, den er verehrt und durch den er Förderung erfahren hat.

Noch ist Friedrich Hauslehrer bei der Familie von Kalb und somit nicht sein freier Herr. Fritz von Kalb, seinen zwölfjährigen Zögling, haben sie mit ihm geschickt. Eine Dienerin soll sich in Jena um den Knaben kümmern.

Vor sich selbst steht für Friedrich fest, dass er die Hauslehrerstelle bei den von Kalbs demnächst aufgeben wird. Seine

Erziehungsversuche bei Fritz sind fehlgeschlagen. Den Jungen plagt seine Geschlechtlichkeit. Nächtelang hat Friedrich an seinem Bett gesessen, um zu verhindern, dass der Junge onaniert. Einmal hat der Fritz bei Tisch seine Hose vorn aufgeknöpft und begonnen, an seinem Glied herumzuspielen. Friedrich hat aufgeschrien vor Ekel und Entsetzen, was er sogleich auch wieder als töricht empfand. Major von Kalb, der Vater des Jungen, hat Fritz wegen seiner Unarten wiederholt verprügelt. Als ob das etwas ändern würde. Vielmehr ist es Ausdruck jener Barbarei, die Friedrich nicht mehr zu ertragen meint.

Das alles hat sich in Waltershausen auf dem Gut der von Kalbs zugetragen. Aber da gab es wenigstens Wilhelmine Kirmes, bei den von Kalbs als Gesellschafterin angestellt, mit der Friedrich sehr vertraut geworden ist. Aber nicht einmal das bisschen Zärtlichkeit, das zwischen ihnen war, wollte ihm das Schicksal gönnen. Wilhelmine wird eine Gouvernantenstelle in Meiningen annehmen. Vielleicht, dass er deswegen jetzt selbst bei Tage fröstelt, da nicht mehr die Hoffnung besteht, bei Nacht ihre beruhigende Stimme an seinem Ohr flüstern zu hören und die Wärme ihrer Haut zu spüren.

Er hat schlecht geträumt von Wilhelmine hier in Jena. Geträumt, er sei mitten in der Nacht aufgestanden, habe sich ein Pferd gekauft und sei zu ihr geritten. Aber nur, um ihr zu sagen, dass er sie nicht heiraten könne. Denn wie sollte er eine Familie ernähren? Vielleicht, wenn er der Aufforderung der Mutter nachkäme und endlich eine Pfarre in Schwaben annähme. Gleich schaudert's ihn wieder vor Kälte allein bei dem Gedanken daran. Dann wäre er selbst auch so ein verfluchter Pfaffe, wie jener, der ihm im Traum erschienen ist. Der hat gewettert gegen die verfluchte Freizügigkeit der jungen Generation, die eingerissen sei durch die gottlosen Ideen, die nach der Revolution von Frankreich herübergeweht seien.

Manchmal erscheinen Friedrich die Zustände von Traum und Wirklichkeit gleich. Austauschbar. Ja, die Welt seiner Träume scheint ihm dann wirklicher als die seines wachen Lebens.

Er weiß, dass mit dieser Art Wahrnehmung auch sein Sinn für besondere Worte zusammenhängt. Worte, die in der Alltagssprache nicht vorkommen. Er hat von der Ursprache reden gehört, von der Gottessprache, die allen Sprachen zugrunde liege, und wenn man dichtet oder übersetzt, müsse man jeweils um Auffindung der Worte dieser Ursprache, die er vor sich die göttliche nennt, bemüht sein. Er hat bei Herder gelesen, dass sich die nationale Eigenart eines Volkes in dessen Sprache eingeprägt habe und dass das Wesen der jeweiligen Sprache auch den Geist der Nation mitbestimme. Daher die besondere Bedeutung des Wohls der Sprache. Wo Sprache verkomme, verderbe, habe das seine Rückwirkungen auf den Zustand des Volkes, der Nation. Die Originalund Nationalsprache unverdorben und lebendig zu erhalten, so hat Herder gefordert, sei die vordringlichste Aufgabe des

Friedrich Hölderlin

Dichters. Und genau das hat Friedrich sich zum Ziel gesetzt. Zu diesen Gedanken würde er gern Professor Fichtes Meinung kennen lernen, der in Jena Vorlesungen hält.

Wie er jetzt schon auf der Gasse ist, legt er sich zurecht, wie er Herrn Schiller den weiteren Fortgang der Handlung im *Hyperion* darstellen soll. Wie da eine Quintessenz finden? Einmal, überlegt er, ist es ihm ganz gut gelungen, das auszudrücken, was er stark fühlt und denkt:

Meine Liebe ist das Menschengeschlecht, freilich nicht das verdorbene, knechtische, träge, wie wir es nur zu oft finden auch in der eingeschränktesten Erfahrung. Aber ich liebe die große, schöne Anlage auch in verdorbenen Menschen. Ich liebe das Geschlecht der kommenden Jahrhunderte. Denn dies ist meine seligste Hoffnung, der Glaube, der mich stark erhält und tätig, unsere Enkel werden besser sein als wir, die Freiheit muss einmal kommen und die Tugend wird besser gedeihen in der Freiheit heiligem, erwärmenden Lichte als unter der eiskalten Zone des Despotismus [...]. Dies ist's, woran mein Herz hängt, dies ist das heilige Ziel meiner Wünsche und meiner Tätigkeit – dies, dass ich in unserem Zeitalter die Keime wecke, die in einem zukünftigen reifen werden.

Er stellt sich vor, er würde plötzlich hier auf der Gasse diese Sätze sprechen, sie laut sprechen, so dass alle Welt sie hören könnte. Die Leute würden ihn gewiss verlachen.

Ihn friert.

Er könnte weinen über die Diskrepanz zwischen seiner

Friedrich Hölderlin

Überzeugung und der Art und Weise, in der die meisten Menschen auf seine Worte reagieren.
Er streicht sie durch, er lässt die Worte erfrieren, danach sind sie nur noch Eiskristalle, wo zuvor die Worte der göttlichen Sprache standen.
Als Friedrich dann zu Schiller vorgelassen wird, ist da im Zimmer noch ein weiterer Besucher. Schiller stellt die beiden Männer, wie es der Anstand gebietet, einander vor, aber Friedrich versteht den Namen des anderen nicht, mag jedoch in seiner Schüchternheit auch nicht noch einmal fragen.
Schiller gibt ihm die Nummer der *Neuen Thalia*. Friedrich wagt gar nicht, das Blatt zu öffnen. Schiller schlägt die Seite auf, auf der Friedrichs Beitrag beginnt.
Immer noch wagt Friedrich es nicht, einen Blick darauf zu werfen oder gar damit zu beginnen, den Text noch einmal prüfend zu lesen.
Dann will ihm Schiller den Reisebericht eines Engländers über Griechenland zeigen, und sie gehen von dem Tischchen fort, auf dem aufgeschlagen das Heft liegt.
Der andere Gast, der im Zimmer umhergeht und in dessen Mimik sich deutlich ausdrückt, dass ihm Friedrichs Auftauchen missfällt, nähert sich nun dem Tischchen und nimmt die Zeitschrift auf. Er getraut sich ohne weiteres zu lesen. Nachdem er aber höchstens drei, vier Sätze in sich aufgenommen haben kann, legt er das Heft sogleich wieder aus der Hand.
Friedrich kann den anderen nur von der Seite sehen. Über-

haupt vermag er nur einen flüchtigen Blick zu ihm hinzuwerfen, da ihm Schiller etwas über den bewussten Reisebericht erzählt und er Aufmerksamkeit heucheln muss. Viel wichtiger wäre es ihm, von dem Fremden zu erfahren, was er von seinem Text hält. Täuscht er sich, wenn es ihm vorkommt, als habe der Fremde beim Lesen eine ablehnende Grimasse gezogen? Die Hände hinter dem Rücken verschränkt, stolziert er nun weiter herum.
»Natürlich ...«, sprudelt es nun aus Friedrich heraus, obwohl seine Sätze in gar keinem Zusammenhang zu Schillers Darlegungen stehen. »Natürlich ist der *Hyperion* nicht nur von meiner glühenden Bewunderung für den Reichtum der griechischen Seele durchtränkt. Nicht nur von der Zuneigung für jedes um seine Freiheit kämpfende Volk. Ich hoffe, der Leser wird auch in der Lage sein, gewisse Ableitungen auf die Situation in unserem deutschen Vaterland herzustellen. Der Held meines Romans soll ein Leben in Freiheit und Schönheit herbeiführen und damit die Träume der zeitgenössischen Jugend Wirklichkeit werden lassen.«
Er hat laut gesprochen, so laut, dass dem anderen Gast unmöglich entgangen sein kann, was er da redet.
Und Schiller ist freundlich genug zu erwidern: »Ich verstehe Sie wohl, mein Lieber. Aber es ist nicht ohne Gefahr, in einem so hochtönenden Text sich auf Erlebnisse der Geschichte zu beziehen, die erst so kurz zurückliegen.«
»Ja, aber wird denn nicht klar, dass, wenn ich von den Ereignissen um 1770 in Griechenland rede, in poetischer Verklei-

dung die Zustände Deutschlands zur Zeit der Großen Revolution in Frankreich gemeint sind?«

»… von der letztlich noch keiner sagen kann, welchen Ausgang sie schließlich nehmen wird«, wendet Schiller ein.

»Für mich ist und bleibt sie, was immer auch geschieht, Menschheitsdämmerung, das Wetterleuchten neuer Zeit und neuer Träume, die von den Menschen in die Wirklichkeit geholt werden«, beharrt Friedrich.

»Wir werden sehen, mein Bester. Schreiben Sie nur erst einmal Ihren Roman zu Ende. Es ist so viel darin angelegt, was zu großen Erwartungen berechtigt. Wenn der Text fertig ist, will ich ihn gern dem Verleger Cotta empfehlen.«

Warum sie nur alle immer so unbestimmt sind? So bemüht, sich nicht festzulegen … Wie kann sich denn etwas ändern, wenn auch die Besten der Besten zögern und lavieren?

Nun, er hat nichts zu verlieren, er wird unbeirrt an seiner Überzeugung festhalten, auch wenn es ihn jetzt wieder friert und das Frieren ihm die Zunge hemmt.

Schiller fasst ihn am Arm. Sie gehen zu dem anderen Besucher hinüber, der ein so gelangweiltes Gesicht macht, wie es eigentlich verboten sein müsste.

Der andere sagt: »Hattet Ihr übrigens einen angenehmen Herbst drüben in Waltershausen?«

Wer das nur sein mag? Er muss die von Kalbs kennen. Und dann diese Vertrautheit, mit der er sich hier aufführt.

Friedrich gehen plötzlich die peinlichen Szenen mit seinem Schüler Fritz durch den Sinn, aber dann meint er auf einmal

Wilhelmines Hand zu spüren, die bei einem Spaziergang seine Wange berührt, und hört sie dabei sagen: »Sieh doch, Lieber, wie schön die letzten Herbstblumen sind.«
Friedrich weiß wohl, es hat viel zu lange gedauert, bis er mit seinen Gedanken wieder hier in der Stube ist und es fertig bringt, laut zu sagen: »Oh, gewiss doch, mein Herr, es gab noch ein paar schöne Tage.«
Die Lippen des anderen Gastes kräuseln sich spöttisch. Er wendet sich nun an den Gastgeber: »Übrigens, Schiller, Ihr müsst demnächst herüberkommen und die Ausstellung von Mayers neuen Bildern betrachten. Es sind ihm ein paar ganz hübsche Stillleben gelungen.«
Wohin hinüber? Und wer ist dieser Mayer? Ein Maler ja offensichtlich, aber müsste man ihn kennen?
Diesmal ist es gar hier in der Stube wie Eisregen, was Friedrich überfällt, wie eben damals auf jenem Spaziergang im Herbst, als sich von einem Augenblick zum anderen das Wetter änderte. Eben noch sanfte Herbstfarben, gleich darauf ein eisiges Licht und ein Sturm von Eisnadeln, Gewittergrollen. Eisregen so heftig gegen sie beide, dass Wilhelmine ihr Gesicht an seiner Brust birgt. Er spürt den Duft ihres Körpers, diesen Geruch von Hyazinthen, der ihn jedes Mal im ersten Augenblick fast betäubt, wenn er ihn wahrnimmt. Er hält sie, gibt ihr Schutz vor dem Ansturm des Eisregens. Wenigstens das hat er vermocht.
»Unser junger Freund scheint von einer Absenz befallen zu sein«, hört Friedrich jetzt den anderen sagen.

»Verzeiht«, stößt er hervor, »Eure Frage nach dem Wetter im Herbst ließ nur plötzlich die Erinnerung an einen Eisregen in mir aufsteigen.«

»Eisregen ... soso? Sagtet Ihr nicht kurz zuvor, auch in Waltershausen hätte man einen schönen Herbst genossen? Ihr wisst wohl manchmal nicht recht, was Ihr sagt ...«

»In der Tat.«

»Wie bitte? In der Tat?« Der andere Gast spielt sich auf wie ein Polizeikommissär, der über die Benutzung der Worte zu wachen hat.

»Meine Worte scheinen manchen Menschen rätselhaft. Dabei sind sie der göttlichen Sprache entlehnt.«

»Ach«, erwidert der Unbekannte schulmeisterlich, »nun muss auch noch Gott für Eure verwirrte Rede einstehen.«

Friedrich ist nicht nur beschämt, er ist zerstört, wohin hat er sich denn da gebracht! Er hat sich um Kopf und Kragen geredet. Auch auf Schiller muss seine Verwirrung peinlich wirken. Wie rettet er sich nur jetzt aus dieser Situation?

»Die Herren wollen entschuldigen«, sagt er. »Es mag daran liegen, dass mir nicht ganz wohl ist. Ich spüre schon seit ein paar Tagen den Anflug einer Erkältung. Ich möchte nun auch den Herren nicht länger mit meiner Anwesenheit zur Last fallen. Darf ich mich empfehlen? Ich komme wieder, Herr Schiller, wenn Ihr gestattet ...« Und gegen den Fremden hin sagt er: »Meine Hochachtung, mein Herr ... Ich hoffe, Ihr seht mir meine Verwirrung und mein Ungeschick bei unserer Konversation nach.«

Friedrich Hölderlin

Friedrich ist schon dabei, die Türe hinter sich zu schließen, da hört er den Unbekannten sagen: »Ein komischer Vogel ist das wahrlich. Und so einem wird Platz eingeräumt in der *Thalia*, um zu piepsen ...!«

Später hört Friedrich im Professorenklub, dass der Geheime Rat Goethe sich an diesem Nachmittag bei Schiller aufgehalten habe.
Er hat mich abgelehnt, überlegt er, das bilde ich mir nicht ein. Er hat nicht das Geringste am *Hyperion* gefunden, was er hätte loben können. So war es. So und nicht anders. Ich bin endgültig verloren. Es ist doch ein Fluch, ein Dichter zu sein.
Und er meint jetzt zu spüren, wie sein ganzer Leib zu einem einzigen Eisblock wird – in den irgendwann jemand einen Fleischerhaken hauen wird.

Friedrich Hölderlin
* 20.3.1770 in Lauffen am Neckar, ✝ 7.6.1843 in Tübingen

Johann Christian Friedrich Hölderlin wird als erstes Kind des Klosterhofmeisters Heinrich Friedrich Hölderlin und seiner Frau Johanne Christiana am 20. März 1770 in Lauffen am Neckar geboren. Zwei Jahre später stirbt der Vater nach einem Schlaganfall. Die Mutter heiratet Johann Christoph Gok, den Bürgermeister von Nürtingen, und die Familie zieht nach Nürtingen um, wo Hölderlin ab 1776 die Lateinschule besucht. Drei Jahre später stirbt auch der Stiefvater, an einer Lungenentzündung.

Hölderlin besteht die vier Landexamina und tritt in die niedere Klosterschule Denkendorf ein. Mit sechzehn kommt er auf die höhere Klosterschule in Maulbronn, die später einmal auch Hermann Hesse besuchen wird. In Maulbronn verlobt sich Hölderlin mit Louise Nast, der Tochter des Klosterverwalters. Aber die Verlobung wird drei Jahre später, im Frühjahr 1790, wieder gelöst.

Inzwischen ist Hölderlin in das Tübinger Stift eingetreten. Es sind die Jahre der Französischen Revolution, an der die Zöglinge des Stiftes lebhaften Anteil nehmen. Hölderlin befreundet sich mit Hegel und Schelling. Alle drei identifizieren sich mit den Ideen der »Großen Revolution«. Hölderlin lernt Gotthold Friedrich Stäudlin kennen. In dessen *Musenalmanach für das Jahr 1792* erscheinen erste Gedichte von Friedrich Hölderlin.

Im September 1793 legt der Dreiundzwanzigjährige sein Abschlussexamen am Tübinger Stift ab und im Dezember das Theologische Konsistorial-Examen in Stuttgart. Da er nicht Pfarrer werden will, bleibt nur der damals übliche Ausweg, Hofmeister zu werden, also Privatlehrer. Durch Stäudlins Vermittlung erhält Hölderlin eine Hofmeisterstelle bei der Familie von Kalb im fränkischen Waltershausen. Er lernt Marianne Kirms kennen, die 1795 eine uneheliche Tochter zur Welt bringt, deren Vater unter Umständen Hölderlin ist.

Im Herbst 1794 veröffentlicht er in Schillers Zeitschrift *Thalia* ein Fragment seines Romans *Hyperion*. Nach Studien in Jena tritt Hölderlin 1796 eine Hofmeisterstelle im Haus des Bankiers Gontard in Frankfurt an. Er verliebt sich in Susette Gontard, die Ehefrau seines Arbeitgebers.

Im April 1797 erscheint der erste Band des *Hyperion*. Anderthalb Jahre später kommt es mit Gontard zu einer Auseinandersetzung. Hölderlin zieht ins nahe Bad Homburg, wo ihm sein Freund Isaak von Sinclair eine Wohnung verschafft hat, so dass er in Susettes Nähe bleiben kann. Er trifft sich heimlich mit ihr.

Hölderlin arbeitet nun an dem Trauerspiel *Empedokles*. Er plant die Herausgabe einer eigenen Zeitschrift, die *Iduna* heißen soll, schreibt viele Gedichte und tritt 1801, nach Aufenthalten in Nürtingen und Stuttgart, eine Hofmeisterstelle in Hauptwil in der Schweiz an, die er aber schon nach drei Monaten wieder verliert. Im Dezember begibt er sich auf eine Fußreise nach Bordeaux, wo er erneut eine Hofmeisterstelle annimmt. Auch diese muss er nach wenigen Monaten wieder aufgeben.

Als er 1802 aus Frankreich nach Stuttgart und Nürtingen zurückkehrt, hat er sich verändert. Auf Freunde und Bekannte wirkt er »verstört wie ein Bettler«. Im Juni dieses Jahres stirbt Susette Gontard an Röteln. Hölderlins Verstörtheit nimmt zu. 1804 holt ihn sein Freund Sinclair nach Bad Homburg, wo er Hofbibliothekar (ehrenhalber) wird. Seine Sophokles-Übersetzung erscheint.

1805 wird Sinclair wegen des Verdachts auf Hochverrat verhaftet. Hölderlin entgeht einem Prozess wegen revolutionärer Umtriebe nur wegen seines immer bedenklicher werdenden Geisteszustandes. 1806 wird er in eine Nervenklinik in Tübingen eingeliefert und 1807 als »unheilbar« entlassen. Fast dreieinhalb Jahrzehnte verbringt der kranke Dichter im Turmzimmer im Haus eines Tübinger Schreinermeisters. Möglicherweise ist seine Verrücktheit aber auch Tarnung, damit er der politischen Verfolgung entgeht. 1826 erscheint die erste Ausgabe seiner *Gesammelten Gedichte*. Am 7. Juni 1843 stirbt Friedrich Hölderlin in Tübingen.

📖 **Lesevorschlag:**

Wer Hölderlins Werk kennen lernen will, sollte mit den Gedichten anfangen und zuerst vielleicht *Hälfte des Lebens* lesen, dann *Jugend, da ich ein Knabe war*.
Danach könnte man eine erkundende Lektüre des *Hyperion* beginnen.
Einen sehr guten Eindruck von Hölderlins Leben und Persönlichkeit vermittelt der biographische Roman *Hölderlin* von Peter Härtling.

👁 **Besichtigungstipps:**

In Maulbronn kann man sich das Kloster ansehen, in dem Friedrich Hölderlin die Schule besuchte.
In Tübingen steht der Turm, in dem der kranke Hölderlin die letzten Jahrzehnte seines Lebens verbrachte. Sein Grab ist auf dem Stadtfriedhof.

Über Heinrich von Kleist
Harald Tondern

Die geheime Verlobung

Es gab keine Vorwarnung für sie, nicht das geringste Anzeichen. Auch später, als sie schon wusste, was für eine schockierende Beigabe ihr Aufsatzheft heute enthielt, konnte sie sich an nichts Ungewöhnliches in Heinrichs Verhalten erinnern. Seine Miene war streng wie immer und ein wenig missbilligend. Wahrscheinlich, dachte Wilhelmine von Zenge, habe ich wieder zu viele Deutschfehler gemacht.
Aber war das ihre Schuld? Die Regeln der deutschen Sprache hatte sie nie richtig gelernt. In ihrem Elternhaus sprach man Französisch, wie in vielen adligen Familien in Preußen.
Man schrieb das Jahr 1800. In England hatte man wenige Jahre zuvor die erste Pferdeeisenbahn eingerichtet. In Frankreich war das Metermaßsystem eingeführt worden und in Berlin lief seit einem Jahr die erste Dampfmaschine.
Ach ja, Berlin! Noch immer wurden Wilhelmines große, braune Augen vor Sehnsucht feucht, wenn sie sich an die preußische Hauptstadt erinnerte. Bevor ihr Vater vor einem Jahr nach Frankfurt an der Oder versetzt wurde, war er bei der Infanterie des Königs in Berlin stationiert gewesen.
Für Wilhelmine war der Umzug eine Katastrophe gewesen. Sie war achtzehn und gerade erst in die Berliner Gesellschaft eingeführt worden. Als älteste Tochter des Generalmajors

Hartmann von Zenge hatte sie auf Bällen getanzt, sich von jungen Kavalieren den Hof machen lassen, hatte mit ihren Eltern die Oper besucht und die eleganten Damen aus dem Hofstaat der schönen Königin Luise bestaunt.

Plötzlich, fast über Nacht, war das alles vorbei gewesen. Auf Befehl von Friedrich Wilhelm II., dem König von Preußen, war der Generalmajor von Zenge zum Standortkommandanten von Frankfurt an der Oder ernannt worden. Vorbei die glänzenden Bälle. Schluss mit den sie jedes Mal von neuem verzaubernden Opernaufführungen. Nach all den aufregenden Jahren in der Hauptstadt hatte sich Wilhelmine in einem Provinznest mit gerade mal zwölftausend Einwohnern wiedergefunden.

In dieser gesellschaftlichen Einöde war es fast schon ein Glück, dass gleich nebenan die Familie von K. wohnte. Die Restfamilie, um genau zu sein. Denn die Eltern waren beide schon vor vielen Jahren gestorben, zuerst der Vater, ein Bataillonskommandeur, dann auch die Mutter. Eine Tante hatte die Führung des Haushalts übernommen und sich um die sieben Waisen gekümmert.

Die Familie von K. war ein altes pommersches Adelsgeschlecht ohne große Besitztümer. Sie hatte schon zahllose Offiziere hervorgebracht, darunter mehrere Generäle und Feldmarschälle. So war es nahe liegend, dass sich die jungen Töchter des Standortkommandanten mit den Schwestern der Familie von K. anfreundeten.

Aber die Hauptperson in dem stattlichen Haus gegenüber

der Marienkirche war zweifellos Leopold, der jüngere Bruder, ein lebenslustiger, fröhlicher junger Mann, der es verstand, die Mädchen mit Scherzen und Albernheiten zu unterhalten. Leopold hatte, der Familientradition entsprechend, die Offizierslaufbahn eingeschlagen. Ende 1799 wurde er dann nach Potsdam versetzt und die Aufmerksamkeit der Mädchen richtete sich – notgedrungen – auf den einzig übrig gebliebenen jungen Mann im Haus von K., auf den zweiundzwanzigjährigen Heinrich.

Der allerdings war alles andere als ein Charmeur. In sich gekehrt und mit finsterer Miene bewegte er sich durchs Haus. Wortkarg war er und immer von einem leisen Hauch von Geheimnis umgeben. Keiner wusste eigentlich genau, was dieser seltsame Griesgram mit seinem Leben vorhatte.

Heinrich studierte an der Frankfurter Universität, einer gemütlichen, kleinen Hochschule mit kaum mehr als dreihundert Studenten. Er hatte sich an der philosophischen Fakultät eingeschrieben. Eigentlich war er zu alt für ein Studium. Umso eifriger versuchte er, sich eine möglichst umfassende Bildung zu erarbeiten.

Zu alt fühlte er sich offenbar auch für das Ansinnen der Mädchen, den verwaisten Platz seines lebenslustigen Bruders Leopold auszufüllen. Er schien wenig Lust zu verspüren, ihnen auf harmlos-amüsante Weise die Zeit zu vertreiben. Aber etwas anderes fiel ihm ein, als die Mädchen nicht lockerließen. Er fasste den Plan, sich um die Bildung der jungen Damen zu kümmern, und ließ extra ein Katheder für

sich anfertigen, von dem herab er seinen Schülerinnen Vorträge hielt. Manchmal, wenn er sich in ein Thema hineinsteigerte, verfiel er dabei in eine Art Stottern.
Zum Unterricht gehörten auch die Regeln der deutschen Sprache. Die jungen Mädchen mussten kurze Aufsätze schreiben, die der selbst ernannte Lehrer streng korrigierte.
An diesem kühlen Herbstabend erhielt Wilhelmine von Zenge ihren Aufsatz als Letzte zurück. Wie immer war das Heft in weißes Papier eingeschlagen. Kaum hatte Heinrich ihr das Päckchen überreicht, da beendete er den Unterricht abrupt und verließ das Schulzimmer.
Wilhelmine nahm ihren Aufsatz mit nach Hause. Erst dort öffnete sie den Umschlag und fand zwischen den Blättern einen Brief. Zu ihrem größten Erschrecken las sie, dass Heinrich von K. sie schon lange herzlich liebe und sie ihn durch ihre Hand sehr beglücken könne. Sie erbleichte.
Ein Heiratsantrag!
Betroffen las das Mädchen den Brief, den sie im ersten Schreck in ihren Schoß hatte sinken lassen, noch einmal. Diesmal folgte ihr Blick den schmalen, hastig voranstürmenden Zeilen Wort für Wort. Aber ihre Hoffnung, sie habe vielleicht zu viel hineingelesen in den kurzen Text, erfüllte sich nicht. Dieser rätselhafte Mensch hatte es sich offenbar wirklich in den Kopf gesetzt, dass er sie ehrlich liebe. Er bat allen Ernstes um ihr Jawort.
Hatte sie ihm denn jemals Hoffnungen gemacht? Eindringlich prüfte sie ihr Verhalten in den vergangenen Monaten.

War sie ihm gegenüber etwa zu freundlich gewesen? Sie hatte ihm doch immer weit weniger Aufmerksamkeit geschenkt als ihre beiden Schwestern, Luise und Charlotte. Sie war doch die Älteste, sie musste Vorbild sein. Hatte sie auch nur ein einziges Wort zu ihm gesprochen, das ihn hätte glauben machen können, sie hege in ihrem Busen andere als freundschaftliche, ach was, als nachbarliche Gefühle für ihn?
Nein, ganz bestimmt nicht!
Hatte denn andererseits er durch herzliche Worte, zärtliche Gesten oder schmachtende Blicke ihr jemals zu verstehen gegeben, dass er tief in seinem Inneren mehr für sie empfand als ein gestrenger Lehrer für seine gehorsame Schülerin? Hatte er auch nur andeutungsweise ihr so den Hof gemacht, wie sie es in Berlin mehr als einmal bei den heimlich entflammten jungen Offizieren beobachtet hatte?
Wiederum nein!
Wie konnte er es dann wagen, durch diesen gänzlich unerwarteten – und ebenso unwillkommenen – Antrag sie, die er doch angeblich herzlich liebte, derart in Verlegenheit zu setzen?
Wieder ließ sie den Brief sinken. Ihr Blick richtete sich ins Unbestimmte und sie sann darüber nach, wie sie sich nun, da dieses Schreiben nun einmal in ihre Hand gelangt war, verhalten solle. Sie musste schleunigst dafür Sorge tragen, dass weder ihrem eigenen Ruf noch dem des unbedachten Schreibers unauslöschbarer Schaden zugefügt wurde.
Ihr erster Gedanke war, sich ihrer Mutter anzuvertrauen.

Aber sogleich schüttelte sie heftig den Kopf. Würde die Mutter ihr denn glauben können, dass sie wirklich nicht die geringste Veranlassung gegeben hatte zu diesem unverhofften Antrag? Die Mutter würde mit dem Brief wahrscheinlich stehenden Fußes zum Vater laufen und schon wäre der schönste Skandal da. Kein Mensch würde ihr glauben, dass sie ganz und gar unschuldig war an diesem schockierenden Vorfall.

Aber der Gedanke an die Eltern brachte sie auf eine ganz andere Überlegung. Wer war dieser Heinrich von K. denn überhaupt? Nein, Heinrich K. musste sie ihn wohl besser nennen. Das »von« ließ er ja neuerdings gern weg. Als ob er drauf pfeifen würde auf seinen Adel. Von ihr würde er das dann wohl auch erwarten und sie würde mit Wilhelmine K. unterschreiben müssen, wenn sie ihn denn heiratete.

Die Eltern würden als Allererstes, wie es ihre Pflicht war, natürlich die Frage stellen, wovon er ihre älteste Tochter denn ernähren wolle. Noch vor einem Jahr hätte der junge Bewerber darauf leicht Antwort geben können. Mit fünfzehn war er, soviel sie wusste, auf Fürsprache seiner Verwandten in das Potsdamer Garderegiment aufgenommen worden und hatte im Jahr darauf am Rheinfeldzug gegen die Franzosen und an der Belagerung von Mainz teilgenommen. In sieben Jahren hatte er es zum Sekondeleutnant gebracht. Einer militärischen Karriere hätte nichts im Wege gestanden. Bei Berücksichtigung des vermutlich nicht sonderlich großen, aber doch ausreichenden Familienvermögens, über das er nach seiner Volljährigkeit würde verfügen können, hätten die Mittel vielleicht ausgereicht, eine Familie zu unterhalten.

Aber was hatte dieser rätselhafte Mensch getan? Schon als Offizier in Potsdam hatte er sich, mehr Student als Soldat, den Wissenschaften verschrieben. Er habe sich ausschließlich mit Mathematik und Philosophie beschäftigt, den beiden Grundfesten allen Wissens, hatte er einmal, vom Katheder herab, seinen jungen Schülerinnen verkündet, und als Nebenstudien die griechische und lateinische Sprache betrieben. All das mochte ja noch hingehen, solange der Dienst es erlaubte. Aber dann hatte der junge Leutnant in seinem ungestümen Wissensdrang und aus wachsender Abneigung gegen den Soldatenstand einen leichtfertigen Schritt getan, der seine berufliche Zukunft für immer zerstörte: Er war beim König um seine Entlassung aus dem Garderegiment eingekommen und hatte seinen Abschied erhalten.

Das war die Situation, in der dieser eigensinnige Mensch ohne jede Vorwarnung, wie ein Blitz aus heiterem Himmel sozusagen, um ihre Hand anhielt. Wilhelmine beschloss, den Antrag erst einmal für sich zu behalten. Womöglich hatte Heinrich den Brief aus einer bizarren Laune heraus geschrieben und bereute seinen Schritt längst. Wer weiß, wenn sie überhaupt nicht auf sein Schreiben einging, wenn sie sich den Anschein gab, dass es ihr nie unter die Augen gekommen sei, vielleicht ließ der vorwitzige Kerl dann die ganze Angelegenheit auf sich beruhen. Aber sie würde noch viel

mehr als bisher peinlichst auf sich Acht geben müssen. Kein Wort, kein Lächeln, keine noch so winzige Geste von ihr durfte ihm auch nur die geringste Hoffnung machen.
Ja, dachte sie, sich mit Zuversicht wappnend, so würde es vielleicht gehen.
Aber als sie am nächsten Morgen aus einem unruhigen Schlaf erwachte, beschloss sie, zusätzlich noch einen Antwortbrief zu schreiben. In bewusst nüchternen Worten teilte sie dem unerwünschten Verehrer mit, dass sie ihn nicht liebe und auch nicht seine Frau zu werden wünsche, doch würde er ihr als Freund immer recht wert sein.
Wie erleichtert war sie, als sich Heinrich in der nächsten Unterrichtsstunde ganz normal gab. Seine Zunge mochte vielleicht ein wenig schwerfälliger sein als sonst. Er behandelte Wilhelmine mit derselben Distanz wie immer. Er prüfte sie sogar peinlicher denn je und seine blauen Augen musterten sie dabei finsterer als üblich. Er weist mich zurück, dachte das Mädchen erfreut. Er bereut seinen Antrag und gibt mir nun auf seine Art zu verstehen, dass ich diesen unsäglichen Brief vergessen soll.
Nach der Vorlesung richtete sie es so ein, dass sie als Erste den Raum verlassen würde. Doch Heinrich rief sie zurück.
»Sie haben sicher bemerkt, meine liebe Wilhelmine«, sagte er, als sie allein waren, mit einem treuherzigen Lächeln, »dass ich heute strenger als sonst mit Ihnen war. Das wird in Zukunft immer so sein. Ich lege Wert darauf, dass meine künftige Frau ...«

»Ihre künftige Frau? Aber ich habe Ihnen doch geschrieben, dass ich unter keinen Umständen daran denke ...«

Er könne ja verstehen, dass sie Bedenkzeit brauche, lenkte er sofort ein. Diese Zeit würde er ihr selbstverständlich einräumen. Aber inzwischen müsse sie gestatten, dass er sich der Entwicklung ihres Bildungsstandes annehme.

So ganz vertan, wie er immer behauptete, waren die sieben Jahre als Soldat wohl doch nicht für ihn gewesen. Beim Potsdamer Garderegiment hatte er gelernt, worauf es beim Erstürmen einer Festung vor allem ankommt: auf Hartnäckigkeit. Diese Strategie wendete er auch bei der Eroberung der abweisenden Wilhelmine von Zenge an: Er ließ nicht locker.

Er akzeptierte das klare Nein nicht und warb unbeirrt weiter um die Neunzehnjährige. Seine Briefe wurden flehender. Er warf sich der Umworbenen zu Füßen, bettelte um noch so winzige Zeichen der Zuneigung, lauerte Wilhelmine auf, machte Versprechungen, drohte, sich das Leben zu nehmen, wenn sie ihn nicht endlich erhöre.

Fast ein halbes Jahr lang bearbeitete er das junge Mädchen. Dann endlich hatte er erreicht, was er sich in den Kopf gesetzt hatte. Wilhelmine erlag der hartnäckigen Werbung und der Garnisonschef Hartmann von Zenge willigte in die Verbindung ein. Allerdings wurde die Verlobung in aller Stille gefeiert. Denn die künftigen Schwiegereltern hatten die Bedingung gestellt, dass das Paar so lange mit der Heirat warten müsse, bis Heinrich von K. eine Arbeit gefunden hatte, die genug Geld einbrachte, um eine Familie zu ernähren.

Damit wiederum schien es, wie Wilhelmine bald entdeckte, ihr heimlicher Verlobter nun überhaupt nicht eilig zu haben. Viel wichtiger war es ihm, sich mit der Aufstellung eines Lebensplans für sich zu beschäftigen, dessen festen Grundsätzen er mit allem, was er dachte, fühlte und tat, folgen wollte. »Was der Reiseplan dem Reisenden ist«, schrieb er einmal, »das ist der Lebensplan dem Menschen ... und der Zustand ohne Lebensplan, ohne feste Bestimmung, immer schwankend zwischen unsichern Wünschen, immer im Widerspruch mit meinen Pflichten, ein Spiel des Zufalls, eine Puppe am Drahte des Schicksals – dieser unwürdige Zustand scheint mir verächtlich und würde mich so unglücklich machen, daß mir der Tod bei weitem wünschenswerter wäre.«
Nach der geheimen Verlobung, von der natürlich alle wissen, es darf nur nicht darüber geredet werden, erwartet Wilhelmine, dass Heinrich sich nun mit Feuereifer daran macht, sein Studium zu beenden und eine Anstellung zu finden. Aber weit gefehlt. Heinrich bricht seine Studien an der Frankfurter Universität ab und geht Mitte August zusammen mit einem Freund aus Offizierstagen auf eine geheimnisvolle Reise.
Die daheim gebliebene Braut erfährt erst nach und nach, wohin genau die beiden jungen Männer, die sogar unter falschem Namen reisen, eigentlich unterwegs sind. Mal schreibt Heinrich aus Berlin, dann aus Pasewalk, wieder aus Berlin, aus Leipzig, aus Dresden, aus Reichenbach, aus Bayreuth und schließlich aus Würzburg. Angeblich will er nach Wien,

vielleicht auch nach Straßburg. Aber was er dort vorhat, darüber verrät er nichts.

Seiner Schwester Ulrike, von der er sich das Geld für diese Reise geliehen hat, schreibt er: »Ich kehre nicht so bald wieder. Doch das behältst Du für Dich.«

Würzburg erweist sich schließlich als Endstation, weil den beiden jungen Männern das Geld ausgegangen ist. Heinrich ist unruhig. Er hat Wilhelmine mindestens zehnmal geschrieben, wie er ihr in seinen Briefen vorrechnet, von ihr aber nur zwei- oder dreimal Antwort erhalten.

Das liegt sicher auch daran, dass die Briefe, die er seiner Verlobten schreibt, alles andere als Liebesbriefe sind. Von Anfang an bombardiert er Wilhelmine mit Fragezetteln und Denkaufgaben, mit denen er angeblich ihren Verstand schulen will. So stellt er ihr etwa die berühmte Frage, »welcher von zwei Eheleuten, deren jeder seine Pflichten gegen den anderen erfüllt, am meisten bei dem frühen Tod des anderen verliert«, und kommt nach allerlei Drehungen und Wendungen »zu dem natürlichen Schluß, daß derjenige, der am meisten empfängt, auch am meisten verlieren müsse und daß folglich, da der Mann unendlich mehr empfängt als die Frau, er auch unendlich mehr bei dem Tode derselben verlieren müsse als die Frau bei dem Tode ihres Mannes.«

Von Würzburg kehrt Heinrich nach Berlin zurück und bemüht sich dort um eine Anstellung im preußischen Staatsdienst. Es wird ihm erlaubt, als Hospitant an den Sitzungen der Technischen Deputation teilzunehmen. Aber er ist nur sehr halbherzig bei der Sache. »Liebe Wilhelmine«, schreibt er an die in Frankfurt wartende Braut, »vergißt du denn, daß ich nur darum so furchtsam bin, ein Amt zu nehmen, weil ich fürchte, daß wir beide darin nicht recht glücklich sein würden? Vergißt Du, daß mein ganzes Bestreben dahin geht, Dich und mich wahrhaft glücklich zu machen?«

Er hat längst gemerkt, dass er wenig Lust zum preußischen Zivildienst hat. Seiner Schwester Ulrike gegenüber wird er deutlich: »Ich fühle mich zu ungeschickt, ein Amt zu erwerben, zu ungeschickt, es zu führen, und am Ende verachte ich den ganzen Bettel von Glück, zu dem es führt.«

Inzwischen hat er zu schreiben begonnen. Er entwirft erste Theaterstücke und merkt, dass er Talent hat. Aber hier wie auch sonst im Leben sind seine Erwartungen an sich selbst sehr hoch. Er hat romantische Träume von großen Werken, die ihn in den Dichterhimmel heben sollen.

Während Wilhelmine in Frankfurt an der Oder darauf wartet, dass ihr Bräutigam endlich die Grundlage dafür schafft, dass sie ihre Verlobung offiziell bekannt geben können, entwickelt Heinrich immer neue Pläne. Er fährt mit seiner Schwester Ulrike nach Paris und lebt dort einige Monate. Eine seiner Arbeiten aus dieser Zeit hat den Titel *Die Verlobung in St. Domingo*. Sie endet so: »... und noch im Jahre 1807 war unter den Büschen seines Gartens das Denkmal zu sehen, das er Gustav, seinem Vetter, und der Verlobten desselben, der treuen Toni, hatte setzen lassen.«

Ein Happyend besonderer Art. Für Heinrich von K. liegt

das Glück der beiden Liebenden nicht darin, dass sie einander bekommen und ein Leben lang zusammenbleiben, sondern darin, dass sie einen idealen Zweck erfüllen, auch wenn sie dabei den Tod finden.

Wilhelmine schreibt er von Paris aus: »Es mag wahr sein, daß ich so eine Art von verunglücktem Genie bin.« Und: »Aber Bücherschreiben für Geld – o nichts davon.« Er verlangt, dass Wilhelmine ihm in die Schweiz folgt, wo er einen kleinen Bauernhof kaufen will. Dort, so meint er, könnten sie in selbst gewählter Armut gemeinsam glücklich werden. »Aber all dies, liebe Wilhelmine, mußt Du aufs Sorgfältigste verschweigen; sage auch noch Deinem Vater nichts von meinem Plane, er soll ihn erst erfahren, wenn er ausgeführt ist.«

Im Februar 1802 lässt sich der nun Fünfundzwanzigjährige in der Schweiz nieder. Er lebt allein auf einer Flussinsel in der Nähe von Thun und schreibt. Es gelingt ihm, sein erstes Theaterstück fertig zu stellen, *Die Familie Schroffenstein*. Er arbeitet an der Komödie *Der zerbrochene Krug* und an der Tragödie *Robert Guiskard*.

Im April schreibt Wilhelmine ziemlich verzweifelt an ihren Verlobten. »Mein lieber Heinrich. Wo Dein jetziger Aufenthalt ist, weiß ich zwar nicht bestimmt, auch ist es sehr ungewiß, ob das, was ich jetzt schreibe, Dich dort noch treffen wird, wo ich hörte, daß Du Dich aufhältst; doch ich kann unmöglich länger schweigen. Mag ich auch einmal vergebens schreiben, so ist es doch nicht meine Schuld, wenn Du von mir keine Nachricht erhältst.«

Sechs Wochen später beklagt Heinrich in einem Brief von seiner einsamen Insel noch einmal die »Gründe, die es Dir unmöglich machen, mir in die Schweiz zu folgen«, und behauptet: »Ich werde wahrscheinlicherweise niemals in mein Vaterland zurückkehren. Ihr Weiber versteht in der Regel ein Wort in der deutschen Sprache nicht, es heißt Ehrgeiz. [...] Kurz, kann ich nicht mit Ruhm im Vaterlande erscheinen, geschieht es nie. Das ist entschieden wie die Natur meiner Seele.« Der Brief endet mit der herzlos-wehleidigen Aufforderung an die Verlobte: »Liebes Mädchen, schreibe mir nicht mehr. Ich habe keinen anderen Wunsch, als bald zu sterben.«

Wenige Monate darauf ist er dann doch wieder zurück im Vaterland. Aber die heimliche Verlobung mit Wilhelmine von Zenge ist aufgelöst. Heinrich von K. ist wieder frei.

Heinrich von Kleist
* 18.10.1777 in Frankfurt a. d. Oder,
☦ 21.11.1811 am Wannsee bei Potsdam

Heinrich von Kleist entstammt einer alten preußischen Offiziersfamilie. Er wird früh Vollwaise. Sein Vater, ein Major, stirbt an der Wassersucht, als Heinrich elf ist. Seine Mutter verliert er fünf Jahre später. Heinrich und seine sechs Geschwister werden fortan von einer älteren Schwester seiner Mutter betreut.
Der Familientradition entsprechend, tritt der Junge 1792 als Unteroffizier in das Potsdamer Garderegiment ein. Heinrich nimmt am Krieg gegen Frankreich teil. Er bringt es bis zum Sekondeleutnant, erkennt aber bald, dass er für den Offiziersberuf nicht geeignet ist, und bittet den preußischen König um seine Entlassung. Nach »sieben unwiederbringlich verlornen Jahren« steht er mit zweiundzwanzig nun ohne jeden Beruf da.
Kleist kehrt nach Frankfurt an der Oder zurück und beginnt an der philosophischen Fakultät zu studieren. Ein festes Berufsziel hat er nicht, aber er hofft, in den Staatsdienst aufgenommen zu werden. 1799 verlobt er sich mit der drei Jahre jüngeren Wilhelmine von Zenge. Doch es fällt ihm schwer, sich mit dem bürgerlichen Leben zu arrangieren. Nach zwei Jahren wird die Verlobung wieder aufgelöst.

Im Sommer 1800 begibt sich Heinrich von Kleist auf eine rätselhafte Reise, deren Sinn und Zweck bis heute unklar ist. Zunächst will er nach Wien. Seiner Schwester Ulrike schreibt er: »Ich kehre nicht so bald wieder. Doch das alles behältst Du für Dich.« Er fährt nach Berlin, gewinnt einen Bekannten als Reisebegleiter und reist weiter nach Leipzig. Dort gehen die beiden jungen Männer zum Rektor der Universität, geben sich als Studenten von Rügen aus und erschwindeln sich Papiere, die sie als die Herren »Klingstedt« und »Bernhoff« ausweisen. Dann eilen sie in einer vierunddreißigstündigen Fahrt nach Dresden weiter. Dort ändern sie das Reiseziel. Nun wollen sie nach Straßburg. Anfang September treffen sie in Würzburg ein und bleiben dort hängen.

Ende Oktober ist Kleist wieder in Berlin und bemüht sich darum, als Hospitant an den Sitzungen der »Technischen Deputation des Manufaktur-Kollegiums« teilnehmen zu dürfen. Noch immer hofft er auf eine Anstellung. Das Gesuch wird bewilligt, doch Kleist versäumt gleich die erste Sitzung. »Ich will kein Amt nehmen«, schreibt er seiner Verlobten Wilhelmine. »Ich passe mich für kein Amt. Ich bin auch wirklich zu ungeschickt, um es zu führen.«

Ihm ist bewusst geworden, dass seine Bestimmung im Schreiben liegt. Er will große Theaterstücke schreiben, quält sich aber mit seinem hohen Anspruch. Während eines längeren Aufenthalts auf einer einsamen Flussinsel in der Schweiz arbeitet er an den Stücken *Die Familie Schroffenstein* und *Robert Guiskard*. Das *Guiskard*-Manuskript vernichtet er im Jahr darauf in Paris. *Die Familie Schroffenstein* wird 1804 in Graz uraufgeführt.

Kleist ist ein »junger Wilder« seiner Zeit. Er ist der Dichter der Abkehr von der Klassik. Entsprechend kompliziert ist seine Beziehung zu den großen Klassikern. Goethe führt zwar den *Zerbrochenen Krug* in Weimar auf, aber er macht es so, dass das Stück beim Publikum durchfällt.

Zeit seines Lebens hat Kleist Geldprobleme. Immer wieder versucht er eine feste Anstellung zu finden. Er gründet in Berlin die Zeitschrift *Phöbus* und später das erste deutsche Boulevardblatt, das *Berliner Abendblatt*. Alle diese Versuche, sich ein festes Einkommen zu sichern, scheitern nach kurzer Zeit. Kleist schreibt so berühmte Stücke wie *Das Käthchen von Heilbronn*, *Penthesilea*, *Hermannsschlacht* und *Der Prinz von Homburg*, aber nie sieht er eines seiner Theaterstücke auf der Bühne.

Am 21. November 1811 begeht er, gerade vierunddreißig, zusammen mit der unheilbar kranken Henriette Vogel am Kleinen Wannsee bei Berlin Selbstmord.

📖 Lesevorschlag:

Als kurzen Einstieg in das Werk von Heinrich von Kleist sollte man die Erzählung *Das Bettelweib von Locarno* wählen und dann gleich die beiden Liebesgeschichten *Die Verlobung von St. Domingo* und *Die Marquise von O.* lesen.

Sehr empfehlenswert – und auch gut lesbar – sind die Theaterstücke *Der zerbrochene Krug* und *Der Prinz von Homburg*.

👁 Besichtigungstipp:

In Berlin kann man dem Grab des Dichters am Kleinen Wannsee einen Besuch abstatten. Es ist nicht weit von der S-Bahnstation Wannsee entfernt. Man erreicht es von der Bismarckstraße aus.

Über E. T. A. Hoffmann
Frederik Hetmann

Post für Mademoiselle Rosalba

Theodor saß am Klavier und improvisierte. Es ging hervorragend. Er hielt sich bewusst in E-Dur, denn dies war die Tonart, in welcher er seine peinliche Niederlage erlebt hatte. Zugetragen hatte sich dies: Seine Eltern waren geschieden, und die Wohnung in Königsberg, in die die Mutter und er umgezogen waren, teilten sie mit der Großmutter, zwei Tanten und einem unverheirateten Onkel. Dieser Onkel Otto war ein pedantischer Mensch, ewig unzufrieden – und keiner wusste weshalb –, zu dick, weil er sich ständig voller Süßigkeiten stopfte, eitel bis zum Erbrechen und darauf aus, durch seine Kleidung Eindruck zu schinden, und, Gott sei's geklagt, Theodors Zimmergenosse.

Vielleicht war es die allzu große Nähe bei Nacht – Theodor malte sich einen Schwerterkampf von Traumgestalten aus –, die eine arge Gereiztheit zwischen ihnen herbeigeführt hatte. Vielleicht lag es auch daran, dass der Onkel es als seine Pflicht ansah, dem Jungen den Vater zu ersetzen. Wie dem auch sei, Onkel Otto hatte sich unter anderem bemüßigt gefühlt, Theodor Klavierunterricht zu geben.

In den ersten zwei Monaten der Lektionen am Piano waren vonseiten des Onkels, der sonst in Theodors Augen eher ein Leisetreter und Duckmäuser war, harte Worte wider ihn ge-

fallen. Einen antimusikalischen Hund hatte Onkel Otto den Neffen genannt, einen Traumtänzer, einen Schlurimuri, aus dem nie ein ordentlicher Klavierspieler werden würde. Von da an bedachte Theodor den Verwandten in Gedanken, oder wenn er zu seinem besten Freund Hippel von ihm sprach, mit dem Spitznamen »Sir Ott«.
Doch dann hatte Theodor bei der Bearbeitung der Pianotasten auf einmal lobenswerte Fortschritte gemacht. So erstaunliche Fortschritte, dass der Onkel beschlossen hatte, ihn diese bei dem nächsten Hauskonzert den Freunden und Bekannten vorführen zu lassen.
Über dem Stück, das der Onkel dazu ausgewählt hatte, hatte mit großen Buchstaben »Scherzando, Presto« gestanden, und als der Onkel es Theodor vorgespielt hatte, hörte dieser etwas Hüpfendes, Springendes heraus, das ihm missfiel.
Vieler Tränen und ermunternder Püffe hatte es bedurft, bis das verdammte Presto endlich saß. Und dann war der Tag gekommen, an dem Theodor sich vor dem Onkel, den vier Frauen und musikalischen Bekannten hatte produzieren sollen.
Er konnte alles flüssig und sicher, bis auf dieses abscheuliche E-Dur-Presto. Also hatte er sich am Abend zuvor in eigensinnigem Aufbegehren ans Klavier gesetzt und sich vorgenommen, das Stück – koste es, was es wolle – so lange zu üben, bis er es fehlerfrei spielen konnte. Dabei geschah es, dass er, ohne recht zu wissen, warum, in eine andere Tonart geriet. Und siehe da, jetzt war das Spielen viel leichter ge-

worden und er verfehlte keine Note, ja, es kam ihm sogar vor, als klinge das Stück besser, jedenfalls so, wie es der Onkel ihm zur Nachahmung vorgespielt hatte. Es wurde ihm froh und leicht zumute.

Am anderen Tage vor der Versammlung von Freunden und Bekannten, die an Teetassen und Likörgläsern nippten, hatte er sich keck an den Flügel gesetzt und hämmerte sein Stücklein frisch darauf los und der Onkel rief einmal über das andere Mal ganz begeistert dazwischen: »Potz Blitz! Das hätte ich nicht gedacht! Der Junge hat wirklich Talent.«

Als das Presto zu Ende war, sagte einer der Zuhörer: »So geläufig. Bravo! Und das in der schweren Tonart E-Dur.«

»Wahrlich doch!«, erwiderte der Onkel und warf sich in die Brust, als habe er es selber gespielt. »Da zeigt sich ein Talent.«

»Mit Verlaub, mein Verehrtester«, mischte sich der Kantor ein, der auch zu dem Freundeskreis der Familie gehörte, »das war nicht E-Dur, das war F-Dur.«

»Wie denn, was denn!«, sagte der Onkel etwas zu laut. »Sie als Berufsmusiker sollten doch in der Lage sein, zwischen E-Dur und F-Dur zu unterscheiden.«

Dazu sei er, weiß Gott, in der Lage, hatte der Kantor ebenfalls laut erwidert.

»Dann wollen wir das doch jetzt ein für alle Mal klären«, rief darauf Onkel Otto, zerrte den Kantor mit dem Ärmel an den Flügel und deutete triumphierend auf die vier Kreuze auf dem Notenblatt.

»Und doch hat der Kleine F-Dur gespielt«, hatte der Kantor beharrt.
Worauf Theodor das Stück hatte noch einmal spielen müssen.
Er hatte ganz unbefangen begonnen, frisch und locker, weil ihm nicht klar gewesen war, worüber der Onkel und der Kantor stritten.
Der Onkel aber starrte auf die Tasten, als habe er Stecknadeln im Blick und könne die Töne damit aufspießen. Und schon nach einigen Takten hatte er nach Theodors Ohrläppchen gegriffen, es lang gezogen und ausgerufen: »Verdammter Bengel! Der Herr Kantor hat ja ganz Recht, du hast das Stück in F-Dur gespielt!«
Leichtsinnigerweise hatte sich Theodor dann auch noch dazu hinreißen lassen zu behaupten, so klinge es ja auch besser, worauf es sogleich noch eine Ohrfeige gesetzt hatte.
Bei Hieben, fand Theodor, sei nicht der Schmerz das Schlimme, sondern die Schande. Jedes Mal, wenn er sich später an die Szene erinnerte, wurde er puterrot im Gesicht.
Einige Tage nach dem Zwischenfall hatte er wieder am Klavier gesessen. Er hatte die Töne rollen, rinnen, tirilieren und seufzen lassen. Ganz leicht war das gegangen, ohne Rücksicht, in welcher Tonart er sich gerade befand, es war vielmehr wie eine Art von Beschwörung.
Er hatte in letzter Zeit häufig Feengeschichten gelesen. Seine Phantasie hatte das Aussehen dieser Wesen stark beschäftigt. Er war zu ganz eigenen Vorstellungen gelangt. So war er

denn auch gar nicht weiter erstaunt, als er von den Tasten aufsah und in den Spiegel schaute, der über dem Instrument an der Wand hing, und darin das Abbild eines dieser Geschöpfe aus dem Reich der Phantasie wahrnahm.

Es war eine schöne junge Frau in einem weißen, fließenden Gewand. Sie hatte langes blondes Haar und schmale Hände, von denen Theodor es angenehm gefunden hätte, liebkost zu werden.

Er konnte, angesichts dieser Erscheinung, die ihm ganz deutlich sogar zulächelte, sich nicht so einfach wieder dem Spiel zuwenden.

Und dann redete sie sogar zu ihm: »Was dir der Onkel angetan hat, war unartig und verdient eine Strafe.«

»So«, sagte Theodor, immer noch halb erstaunt, halb ungläubig, »Ihr seid also auch dieser Meinung?«

»Allerdings«

»Darf ich mich nach Eurem Namen erkundigen?«

»Ich bin die Fee Rosalba. Ich zeige mich jenen, die mit besonderer Phantasie begabt sind. Und das bist du, mein Kleiner! Ich kann dir vorhersagen, dass du später einmal ein viel gelesener Schriftsteller werden wirst. Vor allem wirst du sehr phantasievolle Märchen schreiben.«

»Keine Oper, keine Symphonie?«, fragte Theodor enttäuscht, denn eigentlich sah er sich, was die Zukunft anging, als berühmter Kapellmeister und Komponist.

»Musik wirst du auch schreiben«, sagte Rosalba, »aber deine spezielle Begabung liegt im Erfinden phantastischer Ge-

schichten. Doch wir sprachen ja von jener bösen, Selbstvertrauen verzehrenden Niederlage, die dir neulich dein Oheim bereitet hat. Sich zu rächen ist keine rühmliche und empfehlenswerte Tätigkeit ... aber in diesem Fall scheint mir dennoch eine Rache nötig.«
»Und wie soll ich mich rächen?«
»Phantasievoll.«
»Beschreibt mir genauer, wie ich da vorgehen soll, Madame Rosalba!«
»Mademoiselle, bitte ...!«
»Also, Mademoiselle ... sagt mir, wie soll ich es anstellen?«
»Ich wüsste so manchen schlauen Streich, den man ihm spielen könnte, aber es geht um dich. Später, wenn du über deinen Romanen und Geschichten sitzt, von denen ich dir nur so viel prophezeie, dass der eine von einem weitläufig gebildeten und höchst possierlichen Kater handeln wird, der auf den Namen Murr hört, wirst du auch dein schönes Köpfchen anstrengen müssen, um dir auszudenken, wie es weitergehen soll. Also tust du gut daran, dich schon jetzt darin zu üben. Ich habe zu dir her nur einen Abstecher auf meiner Reise von Schottland nach Bagdad gemacht, wo ich in einer dringlichen Angelegenheit gebraucht werde, bei der das Schicksal zweier Herzen auf dem Spiel steht. Doch will ich dennoch hören, was du dir ausgedacht hast. Und wenn du also tätig geworden bist, so lass es mich in einem Brief wissen. Klebe ihn hinter diesen Spiegel. Ich werde ihn dann mit Boten abholen lassen.«

»Wie könnt Ihr das bewerkstelligen?«, fragte der Junge neugierig.
»Das kann ich dir nicht verraten. Benutze deine Phantasie, um es zu ergründen ... eine gute Übung«, sagte das Bild im Spiegel und wurde blass und blasser, bis es endlich ganz verschwunden war.
Jetzt, vor wenigen Minuten, hatte Theodor einen Brief an die Rückseite des Spiegels geheftet und sich dann ans Klavier gesetzt, um zu phantasieren.
Der Brief lautete wie folgt:

Hoch geschätzte Mademoiselle Rosalba!
Hier gebe ich Euch Bericht über jene Intrige, die ich mir für Sir Ott, den dicken Sir, von Euch angeregt, ausgedacht und ausgeführt habe. (Die Bezeichnung Sir Ott bezieht sich auf eine Gestalt aus einem Roman des Engländers Lawrence Sterne, den Ihr, sofern Ihr ihn noch nicht kennt, um Euch Vergnügen zu verschaffen, unbedingt einmal lesen solltet!)
So hört denn:
Wie Andacht und Frömmigkeit, die immer mit goldenem Zepter in unserer Familie geherrscht haben, es heischten, dass wir unsere Sünden bereuen und zur Kommunion gehen mussten, wollte der dicke Sir in der Kirche in seiner Kleidung recht anständig erscheinen und wusch daher freitags vorher aus seinen schwarzen Hosen sehr sorgfältig die Reste des Durchfalls einer unverschämten Schwalbe und die fetten Teile der Sauce eines wohlschmeckenden Ragouts. Er hängte

das Kleidungsstück bei sehr schönem Wetter unter sein Fenster und watschelte darauf zu seinem ewig kränkelnden Freund. – Unter der Zeit entstand ein heftiger Platzregen. Kaum sah ich die durchnässten Hosen, als ich den unwiderstehlichen Trieb fühlte, dem Platzregen ein wenig zu Hilfe zu kommen. Ich leerte alsdann 5 Gießkannen und 3 volle *pots de chambre* [Nachttöpfe] auf die unglücklichen Hosen aus.

Welches alles sehr schön einzog und sie dermaßen schwer machte, dass der Bindfaden, woran sie hingen, sie kaum zu halten vermochte. – Als Sir Ott nach Hause kam, war der erste Gang zu seinen Hosen. Flossen auch nicht gleich Tränen über die rotbraunen Wangen seines Angesichts, so verrieten doch klägliche Seufzer die Beklemmung seines Herzens und Schweißtropfen wie Perlen auf der orangen Stirne den Kampf seiner Seele. Des Abends klagte er sein Unglück der ganzen Familie und bemerkte zugleich, dass mit dem Platzregen hässliche Teile und verderbte Dünste heruntergefallen wären, die eine totale Missernte verursachen würden, denn der Eimer Wasser, den er aus seiner Hose gewrungen habe, hätte ganz bestialisch gestunken, worüber denn die ganze Familie seufzte, ausgenommen die Tante, welche lächelte und versteckt äußerte, dass der Gestank wohl aus der Auflösung gewisser angetrockneter Teile … entstanden sein könnte. Ich gehörte zu der Partei derer, die die Landplage annahmen, und bewies, dass, wenn die Wolken hellgrün aussähen, es immer so wäre. Der Onkel verteidigte die Reinlich-

keit seiner Hosen und sagte, sie wären so orthodox wie seine Meinung vom Heiligen Geist.
Ich hoffe, meine Intrige findet Gnade vor Eurem strengen Urteil als Kunstrichterin, und wenn sie Euch garstig dünkt, stellt in Rechnung, dass sich immerhin aus ihr auch eine Moral ableiten lässt, die nämlich, dass das Höchste immer auch mit dem Niedrigsten und umgekehrt zusammenhängt.
Mit einer freundlichen Empfehlung und guten Wünschen für Eure Verrichtungen im Heiligen Land verbleibe ich als Euer untertänigster Diener und rückhaltloser Bewunderer:
Ernst Theodor Wilhelm Hoffmann

Den Brief hatte er mit etwas Gummi arabicum an die Rückseite des Spiegels geheftet. Er setzte sich darauf gleich wieder ans Klavier und erging sich weiter in schönes Phantasieren.
Er stand zweimal auf, um nachzuschauen, ob das Schreiben, durch was für einen Boten auch immer, schon abgeholt worden sei. Jedes Mal klebte es noch an der Rückseite des Spiegels, was ihn sehr enttäuschte, worauf er dem Piano noch wildere, die Wesen des Feenreichs beschwörende Akkorde entlockte.
Als er aber beim dritten Mal nachsehen ging, war tatsächlich der Brief fort und er sah – sein Erstaunen war groß! – eine Wanze mit einem winzigen Zettel (ohne Frage sein durch Zauber minimalisierter Brief!) dem Spiegelrahmen zustreben.

E. T. A. Hoffmann
* 24.1.1776 in Königsberg, ✝ 25.6.1822 in Berlin

Ernst Theodor Amadeus Hoffmann hat eigentlich die Vornamen Ernst Theodor Wilhelm. Aus Verehrung für Mozart verändert er im Jahre 1809 den Vornamen Wilhelm in Amadeus.
E. T. A. Hoffmann wird am 24. Januar 1776 in Königsberg geboren. Er entstammt einer Juristenfamilie. Die Eltern lassen sich 1878 scheiden. Die Mutter zieht mit dem Jungen zur Großmutter, in deren Haushalt Hoffmann aufwächst.
Hoffmann erhält früh Musikunterricht und Unterricht im Zeichnen und Malen. 1792 beginnt er an der Universität Königsberg das Studium der Rechtswissenschaften, schließt es 1795 ab und arbeitet in verschiedenen Funktionen in Königsberg, Posen, Plock und Warschau im Justizdienst.
E. T. A. Hoffmann ist ein vielseitig begabter Mann, der neben dem Beruf auch schreibt, komponiert und malt. 1798 hat er sich mit Minna Doerffer verlobt. Vier Jahre später löst er die Verlobung, da ihn seine künstlerische Begabung mit den bürgerlichen Vorstellungen der Familie seiner Braut in Konflikt bringt. Hoffmann hat Karikaturen von einflussreichen Mitgliedern der Posener Gesellschaft angefertigt, und die sind offenbar so gut gelungen, dass Hoffmann nach Plock strafversetzt wird.

E. T. A. Hoffmann

Noch im selben Jahr heiratet Hoffmann Maria Thekla Michalina Rorer. 1804 wird er nach Warschau versetzt. Dort marschieren 1806 die Franzosen ein. Hoffmann verliert seine Stellung im Justizwesen und schlägt sich acht Jahre lang als Musiklehrer, Kapellmeister und Theaterkomponist durch. Erst 1814 tritt er wieder in den Staatsdienst ein.
In der Zwischenzeit arbeitet er als Dirigent in Bamberg, erteilt Musikstunden, ist Kapellmeister in Dresden und Leipzig und schreibt erste Texte. 1809 erscheint sein *Ritter Gluck* in der *Allgemeinen Musikalischen Zeitung*. 1814 und 1815 folgen die *Fantasiestücke in Callots Manier*, gleich anschließend der phantastische Roman *Die Elixiere des Teufels*.
1816 wird E. T. A. Hoffmann in Berlin zum Kammergerichtsrat ernannt. In dieses Jahr fällt die Entstehung der für seine Art der Phantastik bezeichnenden *Nachtstücke*. Ab 1820 erscheinen die *Lebensansichten des Katers Murr nebst fragmentarischer Biographie des Kapellmeisters Johannes Kreisler in zufälligen Makulaturblättern*. Darin hat Hoffmann die Erfahrungen satirisch verarbeitet, die er seit 1819 als Mitglied der »Immediatkommission zur Ermittelung hochverräterischer Verbindungen und anderer gefährlicher Umtriebe« gemacht hat. Die Kommission ist mit der so genannten »Demagogenverfolgung« befasst, also dem Aufspüren und der Verfolgung von Personen, die liberal-demokratische Ansichten vertreten und als Staatsfeinde betrachtet werden.
Diese Erfahrungen bringt Hoffmann auch in den *Meister*

Floh ein. 1822 wird der Autor, inzwischen in den Oberappellationssenat des Kammergerichts aufgerückt, selber Opfer der Verfolgung. Das Manuskript zum *Meister Floh* wird durch die preußische Regierung beschlagnahmt. Gegen Hoffmann wird ein Disziplinarverfahren eingeleitet. *Meister Floh* erscheint ohne die beanstandete Episode.
Anfang des Jahres 1822 erkrankt E. T. A. Hoffmann schwer. Am 25. Juni 1822 stirbt er in Berlin.

Lesevorschlag:

Als Erstes könnte man E. T. A. Hoffmanns Erzählung *Der goldene Topf* lesen, danach vielleicht *Meister Floh* und *Das Fräulein Scuderi*. Sehr schön liest sich auch *Klein Zaches*.

Besichtigungstipps:

In Berlin am Gendarmenmarkt existiert heute noch das Weinhaus »Luther und Wegner«, wo Hoffmann verkehrte. Sein Grab befindet sich auf dem Friedhof der Jerusalems- und Neuen Kirchen-Gemeinde in Berlin/Kreuzberg.
In der Altstadt von Bamberg kann man auf Hoffmanns Spuren wandeln. Es lohnt sich besonders ein Besuch in seinem ehemaligen Wohnhaus am Schillerplatz Nr. 26.

Über Joseph von Eichendorff
Ingrid Röbbeln

»Triffst du nur das Zauberwort ...«

Joseph von E. hörte auf seinem nächtlichen Spaziergang im Garten plötzlich schnelle, klappernde Schritte. Seine kleine Schwester stürzte auf ihn zu. »Joseph, komm, du hast versprochen, mit mir in der Oder zu schwimmen.«
Der Mond schien prächtig. Von den Bergen rauschten die Wälder durch die stille Nacht herüber, manchmal schlugen die Hunde im Dorf an, das im Tale unter Bäumen und Mondschein wie begraben lag.
Joseph lachte und sagte: »Aber begreif doch, ich bin im Augenblick in Wandsbek, Luischen. Da gibt es keine Oder, höchstens die Elbe.«
Seine Schwester ließ sich davon nicht beeindrucken. Sie hatte nie recht begriffen, was für ein Phantasiespiel ihr großer Bruder sich da ausgedacht hatte. Für Joseph jedoch war das völlig klar. Er stellte sich den Garten um das elterliche Schloss als ein großes Land vor. Die Ecke an der Eibenhecke war Wandsbek, bei den Rosenbüschen lag Braunschweig und unter dem Ahornbaum die Stadt Hamburg. Am liebsten von allen Orten war ihm Wandsbek. Denn dort lebte Matthias Claudius, der Dichter, den er von allen am meisten liebte. Stundenlang konnte er in Wandsbek bei Claudius sitzen, mit dem Dichter plaudern oder bei einem Glas Punsch über die

wirklich großen Themen reden, über das Leben, die Ängste, die Hoffnungen, über den Tod und die Liebe.
Oder er wähnte sich bei Matthias Claudius im Gras sitzend und sie erzählten sich gegenseitig Erlebnisse oder Geschichten, die sie sich ausgedacht hatten. Joseph kannte viele Lieder seines Wandsbeker Dichterfreundes auswendig. Wenn er mit Claudius in seiner Phantasie zusammentraf, sang er dem von ihm Bewunderten eines vor. Oder er sagte Verse auf, die ihn ganz besonders angerührt hatten. Etwa immer wieder jene, in denen Matthias Claudius von der Furcht eines sterbenden Mädchens erzählt, das seinen Tod anspricht und ihn bittet:

»Vorüber, ach vorüber!
Geh, wilder Knochenmann!
Ich bin noch jung, geh, Lieber!
Und rühre mich nicht an!«

Mehr als einmal waren Joseph die Tränen gekommen, wenn er diese Worte der Sterbenden sprach. Aber tröstend auf ihn wirkten dann die Verse, mit denen der Tod dem Mädchen antwortet:

»Gib deine Hand, du schön und zart Gebild!
Bin Freund und komme nicht zu strafen.
Sei gutes Muts! Ich bin nicht wild,
Sollst sanft in meinen Armen schlafen!«

Joseph von Eichendorff

Solche Augenblicke des Schmerzes und des Trostes konnte er nur in Wandsbek erleben, am Ort des Dichters Matthias Claudius, gleich neben dem Eibenlabyrinth im Garten des elterlichen Schlosses. Aber häufiger noch sang er die herrlichen Lieder des Dichters, jenes vom Mond zum Beispiel, das gerade heute so gut passte.

»Der Mond ist aufgegangen«, begann er und hoffte, dass seine Schwester den Zusammenhang zwischen Dichtung und Wirklichkeit erkennen würde. Sie liebte dieses Gedicht doch auch. »Die goldenen Sternlein prangen …«

Doch Luise zog ihn energisch am Hemd. »Du hast es versprochen, Joseph! Du hast gesagt, dass du diesmal wirklich mit mir schwimmen gehst, bevor du wieder fort bist.«

Sie hatte ja Recht. Erst vor zwei Tagen war er auf einen kurzen Urlaub von den Lützower Jägern eingetroffen, hatte sich die steife Uniform vom Leib gerissen, sie einfach fallen lassen und die Befreiung von dem einzwängenden steifen Kragen durchatmend genossen. Aber lange konnte er auch diesmal nicht bleiben. Dann musste er wieder Abschied nehmen von der Idylle im elterlichen Schloss und zurück in die Schlacht gegen die napoleonischen Truppen. Dort musste er sich als Sanitäter um die Verwundeten kümmern.

»Komm jetzt endlich!«

Luise zerrte so heftig an seinem Hemd, dass es zu reißen drohte.

Joseph lachte, hob seine Schwester hoch in die Luft und drückte sie an sich. »Ich komme ja, Luischen, ich komme ja schon. Hast du denn gar keine Angst, mitten in der Nacht schwimmen zu gehen?«

Das Kind schüttelte heftig den Kopf. »Der Mond scheint doch so hell.«

»Aber du kannst nicht schwimmen, Luise.«

»Du bist doch bei mir, Joseph. Du passt auf mich auf.«

Die Eltern begleiteten Joseph und Luise bei ihrem nächtlichen Spaziergang an die Oder. In der Weißdornhecke lärmten Nachtigallen, die sie aufstörten. Ein Käuzchen weinte seine nächtliche Klage. Der Mond spiegelte sich in der Oder, die heute ein ruhiger Silberstrom war. Am Himmel waren einige dunkle Wolken aufgezogen, aber noch waren sie weit entfernt von der fast runden Scheibe des Mondes.

Joseph und Luise tollten unten am Ufer herum. Sie spritzten sich gegenseitig nass, wurden immer ausgelassener. Dann ließ sich Joseph auf den Rücken fallen: »Los, Luise, hock dich auf mich. Jetzt schwimmen wir bis in die Mitte des Flusses.«

Das fand sie aufregend. Das war lustig. Plötzlich jedoch wurde ihr bewusst, wie weit sie sich schon vom Ufer entfernt hatten. Ihr Lachen erstarb. Ihre ausgelassene Stimme kippte plötzlich. Luise schrie vor Angst.

Vom Ufer hörten sie den Vater ihnen nachrufen: »Kommt jetzt zurück!« Als Joseph an der schmalen Gestalt der Schwester vorbeiblickte, sah er am Ufer auch die Mutter, die allerdings unbesorgt schien. Sie nestelte an den Bändern ihrer Haube und lachte.

Joseph schwamm weiter. Er wusste, dass er ein guter

Schwimmer war. Was sollte also passieren? Mit kräftigen Zügen hielt er auf die Strommitte zu und versuchte gleichzeitig, Luise zu beruhigen. »Lass nur«, sagte er, »du musst nicht weinen. Ich bin das sicherste Schiff der Welt. Nirgendwo bist du sicherer als auf meiner Brust. Halte dich nur fest. Das Wasser trägt uns beide.«

Es gelang ihm tatsächlich, Luise so weit zu besänftigen, dass sie ruhiger wurde und nicht mehr schrie.

»Siehst du«, sagte Joseph. »Es ist alles wieder gut.«

Genau in diesem Moment wehte von Osten eine Brise herüber und trieb ein paar Wellen heran, die an Luises Beinen hinaufschwappten. Gleichzeitig schob sich hoch über ihnen eine Wolke vor den Mond. Ganz plötzlich war es finster.

Luise schrie voller Angst und suchte blind nach einem besseren Halt. Ihre Hände fuhren dem Bruder durch das Gesicht. Joseph spürte einen scharfen Schmerz am Auge, griff unwillkürlich dorthin, um sich vor weiteren Verletzungen zu schützen, und merkte entsetzt, dass seine kleine Schwester von seiner Brust heruntergerutscht war.

»Luise!«, sagte er, halblaut nur, denn er wollte die Eltern am Ufer nicht beunruhigen.

Aber sie schienen trotzdem etwas bemerkt zu haben. Die Mutter lachte nicht mehr. »Joseph!«, rief sie. »Luise!«

Dann die noch besorgtere Stimme des Vaters. »Ist was passiert? Antwortet doch!«

Joseph, der im ersten Moment noch geglaubt hatte, dass er nur die Hand ausstrecken müsse, um Luise wieder zu fassen, geriet, nachdem er fünf-, sechsmal ins Leere gegriffen hatte, zunehmend in Panik.

Wenn es nur nicht so dunkel gewesen wäre auf einmal. Er konnte fast nichts sehen.

Wilde Gedanken jagten sich in seinem Kopf. Er musste an das sterbende Mädchen aus dem Gedicht von Matthias Claudius denken. »Bitte, Luise«, betete er, während er planlos ins Wasser griff, »lass dich finden.«

Dann fiel ihm ein, wie derb und geschmacklos er selbst einmal mit dem Tod einen Scherz getrieben hatte. Sechzehn war er da gewesen. Am Breslauer Königlichen Gymnasium hatte es einen schrecklichen Todesfall gegeben. Jacob Müller, der arme Sohn eines Landmannes aus Cotzemeuschel, ein Muster von Rechtschaffenheit und Fleiß, starb um ein Uhr in der Nacht an den Folgen der Lungenentzündung, die er sich durch sein Nachtstudieren zugezogen hatte, als ein Opfer seiner Emsigkeit. Es musste im Februar gewesen sein. Fasching war gerade vorüber. Joseph hatte der Tod seines Mitschülers tief beeindruckt. Aber zwei Wochen später schon hatten er und andere Schüler sich einen Scherz ausgedacht, hatten mit dem Tod gespielt.

Sie hatten Josephs Kleider ausgestopft und sie so auf sein Bett gelegt, dass jeder glauben musste, da liege Joseph selbst. Darauf waren sie zu Herrn von Heppen, ihrem Lehrer, gerannt, hatten ihm vorgeflunkert, abermals liege ein Schüler in den letzten Zügen und wolle noch von ihm Abschied nehmen. Als von Heppen in Schlafrock und -mütze in den

Schlafsaal der Schüler gestürzt war, hatte man ihm von allen Seiten entgegengerufen: »Er ist tot, er ist tot!«
Ungefähr zehn Minuten lang hatte der Lehrer am Lager seines angeblich schon verschiedenen Schülers gesessen. Endlich, nachdem er die vermeintliche Leiche berührt hatte, war ihm klar geworden, dass man ihm einen Streich gespielt hatte.
Jetzt, während Joseph in dem aufgewühlten Wasser nach dem Körper seiner kleinen Schwester tastete, fiel ihm dieser törichte Streich wieder ein. Hier und jetzt war es ihm völlig unverständlich, dass er sich damals an diesem rüden Spaß beteiligt hatte. Und doch, überlegte er, bin ich gar nicht so sicher, ob ich nicht morgen schon, wäre ich mit den anderen wieder zusammen, abermals so verfahren würde.
Der Schreck über diese Einsicht war so heftig, dass er für einen Moment meinte, weinen zu müssen. Und fast gleichzeitig fiel ihm eine andere Situation ein, die gleichermaßen widersprüchlich war. Deutlich stand ihm das Lied einer Lerche in der Erinnerung, die hoch über die Felder aufstieg, und nur Sekunden später hatte er das Gewehr hochgerissen und auf den Vogel geschossen. Am Nachmittag des gleichen Tages, an dem er die jubelnde Lerche getötet hatte, war er durch den Garten geschlendert, zwischen den Obstbäumen hindurch zum Blumengarten. Der Wind hatte ein leises Rauschen herangetragen und Joseph hatte einmal mehr das erhebende und zugleich gefürchtete Gefühl gehabt, dass seine geliebte Muse, lächelnd und ihn streifend, an ihm vorbeiging.

Ein kleines, wehmütiges Lied war in ihm aufgestiegen und hatte Geschichten und Lieder, die in den Bäumen, in den Wolken, im Wind, in den Blumen und im Lärm der Sperlinge eingeschlossen waren, geweckt. In ihm hatte es still geklungen:

*»Schläft ein Lied in allen Dingen,
Die da träumen fort und fort,
Und die Welt hebt an zu singen,
Triffst du nur das Zauberwort.«*

So vieles und noch mehr war aus seiner Erinnerung aufgestiegen, während er mit wachsender Angst darauf hoffte, diese unselige Wolke möge endlich weiterziehen.
»Joseph! Luise!«, hörte er die Stimme seiner Mutter vom Ufer her, jetzt in großer Angst. »Es ist euch doch nichts passiert dort draußen?«
Er versuchte, ganz ruhig zu sein, sich nur durch Wassertreten an der Oberfläche zu halten und zu lauschen. Seine Schwester durfte einfach nicht ertrinken!
»Joseph!«, rief sein Vater vom Ufer und gleich noch einmal, sehr viel leiser, mit unsicherer Stimme: »Joseph, bitte!«
Joseph konzentrierte sich ganz auf die Dunkelheit und die Geräusche in seiner Nähe.
Da! Etwas Helles streckte sich aus dem Wasser. Ein dunkler Kopf erschien an der Oberfläche.
Joseph warf sich nach vorn und erfasste Luise am Arm. Die

Joseph von Eichendorff

schlug um sich. Er hielt sie fest. Schließlich merkte er, dass ihr kleiner Körper sich entspannte.
»Ganz ruhig«, flüsterte er. »Ich bin ja bei dir. Alles ist gut. Wir schwimmen jetzt ans Ufer. Dort warten die Eltern auf uns.«
Plötzlich fiel wieder helles Mondlicht auf den Fluss. Die dunkle Wolke war weitergezogen und man konnte wieder deutlich das Ufer erkennen, wo die Eltern aufgeregt auf und ab liefen.
Kurz bevor sie das Ufer erreichten, flüsterte Joseph der Kleinen ins Ohr: »Vater und Mutter müssen wir ja nicht so genau erzählen, was da war.«
Luise, die sich inzwischen wieder ganz erholt hatte, zog ihn am Ohrläppchen. »Ach ja?«, sagte sie. »Etwa weil morgen die andere Luise kommt?«
Die andere Luise, so nannte sie die junge Frau, die Joseph liebte, Luise von Larisch. Ich werde sie heiraten, dachte er plötzlich, und zwar so bald wie möglich. Das stand für ihn fest. Da gab es jetzt keinen Zweifel mehr. Das Problem waren seine Eltern. Sein Vater hatte das Gut durch unglückliche finanzielle Transaktionen heruntergewirtschaftet. Rettung vor dem Ruin sollte eine Vernunftehe bringen. Joseph sollte – so war es geplant – die Gräfin Julia von Hoverden heiraten, eine entfernte Verwandte. Sie war sympathisch und wohlhabend. Josephs Mutter hatte immer wieder gedrängt: »Heirate Julia! Das ist das Vernünftigste – für dich und für uns!«
Aber Joseph war sich jetzt ganz sicher, dass er den Wunsch

der Mutter nie und nimmer erfüllen würde. Gewiss, er hatte Julia gern. Sie tanzte gut und ausgelassen, scherzte gern, verachtete auch Derbheiten nicht. Aber er liebte sie nun einmal nicht!
Er liebte Luise von Larisch, die andere Luise, wie seine Schwester sie nannte. Und die würde er heiraten. Er wollte mit ihr aus der Enge der heimatlichen Mauern ausbrechen. Mit ihr wollte er ans Meer, wollte Travemünde wiedersehen. Auch in die Alpen zog es ihn, nach Italien, vor allem nach Italien.
Er fürchtete sich nicht vor der Auseinandersetzung mit der Mutter. Wichtiger als alle Vernunft war ihm sein persönliches Glück.
Als er mit seiner Schwester an der Hand die Uferböschung hinaufkletterte, stürzte die Mutter herbei und nahm das Kind in die Arme. Eilig trocknete sie es ab. »Was war denn nur passiert?«, wollte sie wissen. »Ich habe schreckliche Angst um euch gehabt. Warum habt ihr nicht geantwortet?«
Der Vater lachte erleichtert und redete freundlich auf Joseph ein.
»Ach, Mama«, hörte Joseph Luise sagen. »Da war gar nichts weiter gewesen. Joseph hat mich ein bisschen schwimmen lassen. Aber er hat gut auf mich aufgepasst.«
Er atmete erleichtert auf. Vielleicht würde die Mutter sich morgen ein wenig zusammennehmen, wenn die andere Luise kam, seine künftige Frau.

Joseph von Eichendorff
* 10.3.1788 auf Schloss Lubowitz (Oberschlesien),
✝ 26.11.1857 in Neiße

Ein Jahr vor Beginn der Französischen Revolution wird Joseph Karl Benedikt Freiherr von Eichendorff am 10. März 1788 auf dem Schloss Lubowitz bei Ratibor in Oberschlesien geboren. In dieser Region wächst man zweisprachig auf: Die Menschen beherrschen das Deutsche und das Polnische.

Die Familie Eichendorff gehört dem Landadel an. Josephs Bruder Wilhelm ist zwei Jahre älter. Die beiden Brüder sind während ihrer Kindheit und Jugend unzertrennlich. Sie spielen, jagen, raufen, haben gemeinsame Freunde, besuchen dieselben Schulen. Wilhelm wird später komponieren.

Joseph von Eichendorff beginnt am 14. November 1800, also mit zwölf Jahren, ein Tagebuch, das er ziemlich regelmäßig führt. Darin erzählt er vom ersten Schnee, von den ersten Schwalben, von der Lerchenjagd, von der Beichte, von Krankheiten und Tod, von Familienfeiern, Morden, von äußeren Ereignissen, die ihn bewegen. Er besucht Mozart-Konzerte und wird während seines ganzen Lebens diesen Komponisten besonders lieben. Vor allem die Oper *Figaros Hochzeit* gefällt ihm. 1801 zieht Joseph mit seinem Bruder Wilhelm in das so genannte Konvikt in Breslau und besucht das Katholische Gymnasium. 1805 bestehen die Brüder Eichendorff dort ihre Examina. Joseph plagen Liebesmelancholie und Heimweh. Auch Krankheiten quälen ihn: Er spuckt Blut.

Joseph und Wilhelm von Eichendorff studieren in Halle und Heidelberg Jura. Halle hat eine berühmte Universität. Die Hallenser Studenten terrorisieren mit großem Vergnügen die Bürger der Stadt, die sie abschätzig als Philister bezeichnen. Sie machen nachts die Straßen unsicher, spielen Professoren derbe Streiche und sprühen vor Lebensfreude. Die Eichendorff-Brüder unternehmen Wanderungen, schwelgen in Naturseligkeit und sind von Freiheitsgefühlen erfüllt.

Joseph von Eichendorff geht in das Kolleg des berühmten Görres, schließt Freundschaft mit dem romantischen Modedichter Graf Loeben. Auf einer Reise nach Berlin lernt er die romantischen Dichter und Sammler von Volksliedern Achim von Arnim und Clemens Brentano kennen. Auch Heinrich von Kleist trifft er dort.

Zeit seines Lebens hat Joseph von Eichendorff ein großes »Begegnungsglück«. Er lernt viele bedeutende Menschen seiner Zeit kennen.

1805 geht er seinem Fernweh nach, reist in den Harz, nach Hamburg und sieht in Travemünde das erste Mal das Meer, auf das er mit furchtsamer Bewunderung, mit großem Staunen reagiert: »Endlich, als wir den Gipfel der letzten Anhöhe von Travemünde erreicht hatten, lag plötzlich das ungeheure Ganze vor unseren Augen und überraschte uns so fürchterlich, dass wir alle in unserem Innersten erschraken.« In das ersehnte Italien wird er nie reisen.

1810 gehen die Brüder Eichendorff nach Wien, um sich auf ihr Referendarexamen vorzubereiten, das sie 1811/12 ablegen. Dort verbindet Joseph von Eichendorff eine Freundschaft mit Dorothea Schlegel. Er ist jetzt dreiundzwanzig Jahre alt und beginnt mit dem umfangreichen, großen Roman *Ahnung und Gegenwart*, der 1815 erscheint. Das Werk enthält auch *Abschied*, Eichendorffs Abschiedsgedicht von Lubowitz: »O Täler weit, o Höhen [...]« und das wehmütige Abendgedicht *Zwielicht,* das so beginnt: »Dämmrung will die Flügel spreiten, / Schaurig rühren sich die Bäume, / Wolken ziehn wie schwere Träume – / Was will dieses Graun bedeuten?«

Viele Gedichte Eichendorffs werden zu regelrechten Volksliedern. Fast jeder kennt »In einem kühlen Grunde, / Da geht ein Mühlenrad [...]«. Es gibt zahlreiche Vertonungen Eichendorffscher Lyrik. Robert Schumann zum Beispiel hat in seinem *Liederkreis op. 39* Kompositionen zu Eichendorff-Gedichten zusammengefasst.

Nach ihrem Examen müssen die Brüder sich einen bürgerlichen Brotberuf suchen. Wilhelm gelingt dies, aber Joseph muss sich mit einer Kette beruflicher Misserfolge abfinden. Auch mit Publikationen kann er kein Geld verdienen. 1812 geht ihm das Geld gänzlich aus. Joseph lässt sich als Soldat bei den Lützower Jägern anwerben. Von 1813 bis 1816 nimmt er als Sanitäter an den Befreiungskriegen teil.

1815 heiratet er die vier Jahre jüngere Aloysia Anna Viktoria von Larisch. Die Liebesheirat führt zu einer glücklichen, lebenslangen Ehe. 1815 wird der Sohn Hermann geboren, 1817 der Sohn Rudolf, 1819 die Tochter Therese.
Als juristischer Beamter arbeitet Joseph von Eichendorff in Breslau, Danzig, Berlin, Königsberg, dann wieder in Berlin. Mit fünfundfünfzig erkrankt er schwer, scheidet aus dem Staatsdienst aus und nutzt seinen Ruhestand zum Schreiben.
Schon vorher hat er spätromantische Gedichte und Erzählungen veröffentlicht. *Aus dem Leben eines Taugenichts,* 1826 publiziert, erzählt von dem Leben eines jungen Mannes, dem das Lebensglück zufällt. Er zieht in die Welt, liebt, lacht, singt, probiert vieles und findet schließlich ein idyllisches Glück mit einer geliebten Frau.
Nach der glücklichen, turbulenten und behüteten Kindheit und Jugend erlebt sich Joseph Freiherr von Eichendorff als Erwachsener eher als Pechvogel. Im *Unstern*-Fragment, das er wahrscheinlich 1831 beginnt, schreibt er über einen Protagonisten, über dessen Leben ebenfalls ein »Unstern« steht. Man kann diesen Text wie eine phantastische Selbstbiographie Eichendorffs lesen.
Eichendorff hat insgesamt eher »konservative Grundeinstellungen«. Diese aber sind vermengt mit einer desillusionierenden Skepsis in Bezug auf die Möglichkeit, die »alte Zeit« erhalten und bewahren zu können. Er ist sich bewusst, dass die »alte Zeit« unwiederbringlich verloren ist.
Freunde und Bekannte erleben Eichendorff als einen warm-

Joseph von Eichendorff

herzigen Menschen, der freundlich und unauffällig wirkt. Theodor Storm schreibt am 24. Februar 1854 an seinen Vater über Eichendorff: »Er ist ein Mann mit mildem, liebenswürdigem Wesen, viel zu innerlich, um, was man gewöhnlich ›vornehm‹ nennt, an sich zu haben. In seinen stillen blauen Augen liegt noch die ganze Romantik seiner wunderbar poetischen Welt.«

Eichendorff stirbt am 26. November 1857 an den Folgen einer Erkältung.

Lesevorschlag:

Wer Joseph von Eichendorff kennen lernen möchte, sollte zuerst seine Gedichte lesen, zum Beispiel *Sehnsucht, Mondnacht, Lorelei, Zwei Gesellen, Schläft ein Lied in allen Dingen*. Danach ist man eingestimmt auf seine berühmte Erzählung *Aus dem Leben eines Taugenichts*.

Besichtigungstipps:

In Ratibor in Oberschlesien kann man das Schloss Lubowitz besuchen, Eichendorffs Geburtshaus. In Neiße ist das Sterbehaus des Dichters erhalten geblieben.

Über Annette von Droste-Hülshoff
Ingrid Röbbelen

Sonne und Mond

Annette setzte sich an den Graben des elterlichen Wasserschlosses in Hülshoff in Westfalen. Sie sah den blauen Libellen nach, die ruckartig am Ufer entlangflogen, versuchte eine zu fangen, freute sich, dass ihr dies nicht gelang.
Es war Aprilwetter. Am Vormittag hatte es plötzlich noch geschneit. Als sie um halb acht in der Frühe, gleich nach der Heiligen Messe, aus dem Fenster des Kapellenzimmers geblickt hatte, trieb ein plötzlich aufkommender Wind Flocken ans Fenster. Sie war hinausgelaufen, hatte ihr Gesicht dem Schnee entgegengehalten und die mahnenden Worte ihrer Mutter einfach überhört.
Nun aber war der Boden wieder einigermaßen trocken. Die Sonne wärmte ihr Haar.
Neugierig las sie religiöse Lieder eines jungen Mannes, die August von Haxthausen ihr gegeben hatte. Er hatte dazu bemerkt: »Von diesem Heinrich Straube werden wir alle noch hören. Er wird einmal ein bedeutender Dichter sein. Von ihm kannst du etwas lernen.« Annette hatte das Gesicht verzogen, aber keine Lust gehabt, sich auch heute wieder mit August zu streiten, und hatte deshalb geschwiegen. Nun aber wollte sie das literarische Urteil Augusts überprüfen. Sie las die Strophen, wurde neugierig auf den Menschen, der

sie geschrieben hatte, ließ sich von den frommen Versen ablenken und folgte den Bewegungen ihres Spiegelbildes im Wasser. Ihre graublauen Augen tanzten in den kleinen, grünen Wellen, wurden jetzt von einer Libelle gestreift.
Wie gern hätte sie die kunstvoll gelockten und geflochtenen Haare gelöst, sie in den Wind gehalten, sie im Wasser treiben lassen. Aber sie wusste zu genau, ein zwanzigjähriges Adelsfräulein musste Haltung bewahren, sich in ein Korsett einschnüren, seine Haare bändigen.
In ihrem Kopf breitete sich Musik aus. Vor einem Monat war sie in Münster gewesen, hatte Haydns *Schöpfung* gehört. Beim Zuhören waren ihr Zeit und Raum wie aufgehoben erschienen. Ein Chaos zog sie in seine Wirbel, in seine Kraft, in seine turbulenten Dunkelheiten hinein. Dann rissen sie die Musik und die Worte aus dem Strudel hinauf: »Und es ward Licht!« Sie hatte erst spät bemerkt, dass sie weinte. Sie war ganz in dieses Schöpfungslicht hinabgetaucht.
Ihr Onkel Clemens kannte diesen Haydn gut. Er würde ihr sicher gern von ihm erzählen. Vielleicht würde ihr selbst ja auch einmal eine große Komposition gelingen. Sie hatte vor kurzem ein Gedicht geschrieben, in dem sie ihre Traurigkeiten, ihr Gequältsein, ihre Schmerzen – so oft schmerzte ihr Kopf wie verrückt – in Verse übersetzt hatte.
Jetzt, am Schlossgraben, gingen ihr die Schlusszeilen dieses Gedichts, das sie *Unruhe. An die Ungetreue* genannt hatte, durch den Kopf. Eine Melodie legte sich darüber: »Fesseln will man uns am Herde! / Unsre Sehnsucht nennt man Wahn

und Traum / Und das Herz, dies kleine Klümpchen Erde / Hat doch für die ganze Schöpfung Raum!«
Einige Zeit später traf sie diesen Heinrich Straube in Bökendorf, auf dem Wohnsitz der geliebten Großmutter Anna von Haxthausen.
Sie plauderten über das Dichten, tauschten Erfahrungen aus. Endlich hatte Annette jemanden gefunden, mit dem sie über die Entstehung einer Wortwelt sprechen konnte. Sie war gespannt auf die Gedichte, die er ihr nach Hülshoff schicken wollte. Heinrich Straube gefiel ihr. Er war nicht hübsch, gewann aber, während sie miteinander sprachen. Seine geistreichen Bemerkungen beeindruckten sie. Er hatte eine Art von Humor, die dem ihren sehr nahe kam.
Annette fragte ihre ältere Schwester Jenny, was sie von Straube halte. Sie waren sich einig, dass er nicht übel war. Er habe etwas ganz Eigenständiges, fanden beide. Später erfuhr sie, dass Wilhelm Grimm, der Märchen-Sammler, gegen den sie gewisse Vorbehalte hegte, Straube auch schätzte. Von nun an wollte sie Straube gefallen. Aber sie hatte sich gerade mal wieder ihre Augen entzündet. Sie durfte nicht lesen, nicht schreiben, sollte Anstrengungen meiden.
Es fiel ihr auf, dass sie während dieser Zeiten erzwungener Ruhe Träume entwarf. Sie erlebte sich darin, wie sie mit Straube um die Wette dichtete. Ihrer beider geistliche Gedichte bildeten zusammen ein Werk, das auf viele Leute Eindruck machte. Straubes Lieder waren helle, kraftvolle Sonnengesänge, ihre eigenen Lieder spiegelten den Mond, der so

viel Kraft ausübte, dass er die Menschen zu Nachtwandlern machte und die Pflanzen sprießen ließ. Sie hielt in schlaflosen Nächten Zwiesprache mit dem Mond, wartete ungeduldig auf sein »mildes Licht«. Straube und sie wollten Sonne und Mond am Dichterhimmel sein. Es machte sie unsicher, als sie spürte, wie stark sich ihre Gedanken mit Straube beschäftigten. Sie sehnte sich nach ihm. Sie wusste, zunächst noch undeutlich, aber dann immer gewisser: Sie war in ihn verliebt.
In dieser Zeit, im April 1819, verließ Annette das Wasserschloss Hülshoff, um ihre Verwandten in Bökendorf zu besuchen. Dort sah sie Straube wieder. Sie trafen sich gern an einem heimlichen Ort, der durch eine Taxushecke vor Blicken Neugieriger geschützt war. Noch viele Jahre später würde Annette sich an diesen Ort erinnern, an das Paradiesestor, »dahinter alles Blume, und alles Dorn davor«.
Annette und Straube lasen einander ihre Gedichte vor, sprachen von ihren literarischen Plänen, sie umarmten und küssten sich. Annette löste die Spangen in ihrem Haar. Sie zog die Kämme heraus. Straube bewunderte und streichelte die helle Haarflut. Sie war wie im Rausch. Sie stürzte sich in einen wilden Tätigkeitsdrang. Dafür bezahlte sie mit immer wieder aufspringenden Krankheiten. Ihre Verwandten reagierten verblüfft und verärgert, weil sie sagte, was sie dachte. Nicht anders jene Leute, die in Bökendorf zusammenkamen und sich für Märchen interessierten. Annette rebellierte gegen die Regel, dass ein Mädchen von Stand eigentlich vor-

nehme Zurückhaltung wahren sollte. Beim geselligen Zusammensein hockte sie sich auf ein Sofa, schlug die Beine unter, legte den Arm auf die Lehne und freute sich ihres Selbstbewusstseins. Die überraschten, ja empörten Blicke anderer übersah sie einfach.

Lange phantasierte sie vor den Leuten auf dem Klavier. Dann wieder verschwand sie für einen ganzen Tag und ging bei Wind und Wetter draußen spazieren, sammelte Steine, brachte Blumen mit, die sie presste, lag im Gras, beobachtete Käfer, hörte den Grillen zu, horchte in die Erde hinab, um die Erzählungen der Toten zu erlauschen. Sie dachte dann nicht daran, dass sie in der Nacht immer von Schmerzen geplagt wurde, dass ihr Kopf zu zerspringen drohte. Sie überließ sich ganz den Eingebungen des Augenblicks und nahm alles mit großer Wachheit und Neugier auf.

Dann wieder schrieb sie einen ganzen Tag lang, feilte an ihren geistlichen Liedern, entwarf Skizzen zu einer Erzählung, die nach ihrer Hauptfigur *Ledwina* heißen sollte. Oder sie vergrub sich tagelang in Büchern, die sie aus der Leihbibliothek holte, las und las.

Sie stürzte sich von einem Extrem ins andere, genoss jede Phase und bemerkte daher kaum, wie zunehmend befremdet die anderen reagierten.

Dass aber ihre leidenschaftliche Liebe, dass ihre Liebe zu Straube eine Sünde sein könnte, glaubte sie im Grunde nicht. Andererseits beichtete sie ihre Liebe dem Priester, betete die verordneten Ave-Maria, grübelte nachts, warum sie sich eigentlich schuldig fühlen sollte, wütete gegen diese Moral, rechtfertigte sie aber auch wieder, stand geängstigt und beklommen aus dem Bett auf, blickte in den Spiegel, erschrak jedes Mal davor, dass das Gesicht, welches sie dann entdeckte, das ihre sein sollte.

Sie fürchtete sich vor der Rolle der Rebellin, einer weiblichen Person, die ihren Verstand gebrauchte, die sich nach Freiheit sehnte, die es in die Ferne drängte, hinaus aus der Enge der Konventionen. Sie erschrak vor einer Annette, die das eigene Leben und die Welt erobern wollte. Manchmal war sie sich dessen gewiss, dass es ihr gelingen könne, die Grenzen ihres Standes zu sprengen.

Oft fand sie, dass sie hübsch war, und fast ebenso oft das Gegenteil. Es war ihr ganz selbstverständlich, dass sie von Straube geliebt wurde, und ebenso selbstverständlich, dass sie ihn liebte. Und über beides quälte sie sich. In einem Gedicht stellte sie sich selbst als eine dunkle, schuldbeladene Figur gegenüber einer reinen, sündlosen, jungfräulichen Maria dar: »O Maria, Mutter Christi, / Nicht zu dir will ich mich wagen, / Denn du bist mir viel zu helle, / Meine Seel' ergraut vor dir. / Bist mir fast wie zum Entsetzen / In der fleckenlosen Reine / […] Will viel lieber vor dein Kindlein / Treten, weinen und zerschlagen.« Sie empfand sich als dunkles Spiegelbild Marias. Dennoch wollte sie nicht auf diese Liebe, durch die sie angeblich schuldig wurde, verzichten und sehnte sich nach den Zärtlichkeiten.

Sie quälte sich, sie marterte sich. Dann streikte ihr Körper.

Starker Husten schüttelte sie. Sie musste auf jegliches Schreiben, ja selbst auf Lesen, verzichten. Und sie nahm dramatisch ab.

Straube verwöhnte sie mit seiner Liebe. Sie drängte immer mehr ihre Schuldgefühle beiseite, ließ sich immer mehr in ihre Lust fallen.

Straube verließ noch im Frühling des Jahres 1819 Bökendorf. Im Herbst wollten sie sich wiedersehen. Von einer gemeinsamen Zukunft war nicht die Rede. Annette trug eine blonde Locke Straubes immer bei sich. Die Liebe zu ihm machte sie lebendig und schöpferisch.

Ein Jahr später, im August 1820, kam August von Arnswaldt, ein Freund Straubes, nach Bökendorf. Er sah gut aus, war gewinnend, selbstbewusst, charmant. Annette war verwirrt. Sie fühlte sich von ihm angezogen. Sie schrieb:»Wenn Arnswaldt mich nur berührte, so fuhr ich zusammen, ich glaube, ich war in Arnswaldt verliebt.« Ihre Verwirrung nahm noch zu. Offenbar legte Arnswaldt es darauf an, dass sie ihm ihre Liebe gestand. Es zielte dahin, das, was sie bisher empfunden hatte, zu vernichten. Desto deutlicher aber empfand sie auch ihre Liebe zu Straube. Sie fieberte dem September, da sie ihn wiedersehen werde, entgegen. An Anna von Haxthausen schrieb sie in zutraulicher Offenheit: »Ich hatte die dunkle Idee, Straube alles zu sagen ... ich sagte es auch Arnswaldt vor dem Weggehen.«

Was Annette nicht wusste, war dies: Alles war ein Komplott. Man hatte Arnswaldt vorgeschickt, um die Liebe Annettes zu Straube auf die Probe zu stellen. Straube selbst wusste von diesem grausamen Spiel.

Schließlich schrieben Straube und Arnswaldt einen Brief, in dem sie beide ihr großspurig die Freundschaft entzogen. Arnswaldt teilte ihr mit, ihm sei es ausschließlich darauf angekommen, seinen Freund Straube vor Annettes fragwürdiger Liebe zu »retten«.

Arnswaldt schickte den Schreckensbrief nach Bökendorf. Caroline von Haxthausen wurde dazu ausersehen, Annette am 6. August 1820 diesen Brief zu überbringen. Man hatte ihr eingeschärft, August von Haxthausen genau zu berichten, wie Annette reagiert habe.

Laut Caroline von Haxthausen erlebte Annette es so: »Sie schüttelte vielmals den Kopf unterm Lesen und, als sie von der unbescheiden scheinenden Gegenwart befreit war, hörte ich sie noch lange auf ihrem Zimmer heftig auf und ab gehen. Andern Morgens aber war sie wie immer und es scheint mir kein bleibender Eindruck davon geblieben.«

Tatsächlich aber sah Annettes Reaktion gänzlich anders aus: Sie brach hilflos zusammen. Im Dezember 1820 schrieb sie an Anna von Haxthausen: »Anna, ich bin ganz herunter, ich habe keine auch nur mäßig gute Minute. Ich denke Tag und Nacht an Straube, ich habe ihn so lieb, dass ich keinen Namen dafür habe, er steht mir so mild und traurig vor Augen, dass ich oft die ganze Nacht weine und ihm immer in Gedanken vielerlei erkläre, was ihm jetzt fürchterlich dunkel sein muss …«

Annette von Droste-Hülshoff
* 12.1.1797 in Hülshoff, ☦ 24.5.1848 in Meersburg

Anna Elisabeth Franzisca Adolphine Wilhelmine Louise Maria von Droste-Hülshoff wird auf der Wasserburg Hülshoff in der Gemeinde Roxel bei Münster geboren. Wahrscheinlich am 12. Januar 1797, genau weiß man es nicht. »Annette« ist ein Siebenmonatskind. Die Familienüberlieferung erzählt, dass die Mutter beim Schlittschuhlaufen auf dem Schlossgraben gestürzt sei.

Annette hat eine zwei Jahre ältere Schwester. Jenny hat ein Zeichentalent. Bilder von ihr vermitteln uns einen Eindruck vom Aussehen Annette von Droste-Hülshoffs. Später werden noch zwei Brüder geboren: Werner Constantin (1798–1867), der spätere Stammherr von Haus Hülshoff, und Ferdinand (1802–1829), der früh an Tuberkulose stirbt.

Der Vater, Freiherr August von Droste-Hülshoff, ist ein milder, naturliebender Mann. Die Mutter, Freifrau Therese von Droste-Hülshoff, wacht penibel über die aristokratische, streng katholische Sitte des Hauses. Die Mutter will immer informiert sein. Bis an ihr Lebensende wird Annette die zahlreichen Briefe an die Mutter mit »deine gehorsame Tochter Nette« unterschreiben. Annette wird sich der Strenge durch Lügen entziehen. Die religiöse Erziehung, die auf

dem Grundgedanken beruht, dass man schuldbeladen, der Hölle nahe lebe, wird sie immer wieder in Schuldnöte stürzen. Doch setzt sie ihre große, für manchen befremdende Freiheitslust, ihre Freiheitsgier dagegen.
Das Wasserschloss Burg Hülshoff ist 1349 erstmals urkundlich erwähnt. Die Familie von Droste-Hülshoff gehört dem mittleren, nicht sehr einflussreichen Adel an. Ein Leben lang hängt Annette mit großer Zärtlichkeit an ihrer Amme Maria Catharina Plettendorf, mit der sie im westfälischen Platt spricht. Annette erhält eine gute Ausbildung. Unterrichtet werden die Kinder von der Mutter, vom Vater und später von Hauslehrern. Annette hat vielfältige Talente: Sie zeichnet, komponiert, singt, erzählt mitreißend und schreibt schon früh. Kleine Gedichte der Siebenjährigen sind überliefert, zum Beispiel dieses für die Mutter:

dir scheint stets Wonne
wie eine Sonne
Glück Heil und Segen
auf allen Wegen

das was ich wünsche ist
daß du in deinem Leben
durch deine Tugend kannst
uns stets ein Beyspiel geben

von deiner Nette

Annette reist häufig zu Bekannten und Verwandten. 1813 ist sie in Bökendorf auf dem Bökerhof, dem Stammsitz der Familie der Mutter, wo die Großmutter lebt. Dort trifft sie den Märchenkreis, zu dem auch Wilhelm Grimm gehört. Mit zweiundzwanzig lernt sie August Straube kennen, ihre erste, tiefe Liebe, und wird Opfer einer Intrige. Sie reist auch nach Abbenburg im Paderbornischen, ein weiterer Sitz der mütterlichen Familie von Haxthausen. Hier verfasst sie Teile der Erzählung *Die Judenbuche* und der Gedichtsammlung *Das Geistliche Jahr*. Weitere Reisen führen sie nach Bonn, Köln und Koblenz. Später wird sie in Meersburg am Bodensee leben.

Nach dem Tod des Vaters, 1829, zieht Annette mit der Mutter und Jenny ins Rüschhaus, das der Vater wenige Jahre zuvor als Witwensitz für seine Frau gekauft hat. Annette wohnt in drei kleinen Räumen über den Stallungen. Dort schreibt sie, ordnet ihre zahlreichen Sammlungen (zum Beispiel Mineralien, Münzen, Kupferstiche), plaudert mit Freunden, pflegt geselligen Umgang, ganz ihrem Stande gemäß.

Annette von Droste-Hülshoff übernimmt als Unverheiratete auch soziale Aufgaben. Aber immer wieder ist sie dramatisch krank. Es plagen sie Kopfweh, Fieberschübe, Augenentzündungen.

Im Rüschhaus empfängt sie dienstags Levin Schücking (1814–1883). Er ist der Sohn ihres »frühen Dichteridols« Catharina Busch. Schücking schreibt über diese Stunden mit

Annette von Droste-Hülshoff

Annette von Droste-Hülshoff: »Wenn schlechtes Wetter oder gar Winterschnee die Streifereien ›zu den umliegenden Bauernhöfen‹ unmöglich machten, flossen die Stunden nicht minder darum mit Windeseile vorüber, verplaudert in dem stillen Stübchen, das Annette ihr ›Schneckenhäuschen‹ nannte und das so bürgerlich schlicht eingerichtet war wie möglich.« Annette ist wieder verliebt.
Aber in der Nähe der Mutter kann sie ihre Liebe mit dem siebzehn Jahre jüngeren Mann nicht ausleben. So reist Annette von Droste-Hülshoff an den Bodensee, wo ihre Schwester Jenny, als verheiratete von Laßberg, auf der mittelalterlichen Meersburg lebt. Der Schwager stellt Schücking, auf Empfehlung der Droste, als Bibliothekar ein. Die sich heimlich Liebenden unternehmen ausgedehnte Spaziergänge am Ufer des Bodensees. Im Winter 1841/42 arbeiten sie intensiv an literarischen Texten. Die Droste behauptet, ihre »Poesie« könne sie »herbeicommandieren«. Sie wettet mit Schücking, dass sie täglich mindestens ein Gedicht schreiben könne. Als Ergebnis dieser Wette entstehen berühmte Gedichte, zum Beispiel *Der Knabe im Moor, Im Moose, Die Taxuswand* oder *Brennende Liebe*. Eins der Gedichte ist wohl Levin Schücking selbst gewidmet. Es beginnt:

An ✻✻✻
Kein Wort, und wär' es scharf wie Stahles Klinge,
Soll trennen, was in tausend Fäden eins,
So mächtig kein Gedanke, daß er dringe

Vergällend in den Becher reinen Weins;
Das Leben ist so kurz, das Glück so selten,
So großes Kleinod, einmal sein statt gelten!
[...]

Im September 1842 beginnt Schücking eine Korrespondenz mit Louise von Gall (1815–1855). 1843 heiratet er Louise. Annette von Droste-Hülshoff ist wieder allein. 1846 kommt es zum endgültigen Bruch mit Schücking, als dieser Insiderkenntnisse über den westfälischen Adel, die von der Droste stammen, in seinem Roman *Die Ritterbürtigen* verwendet.
Die Droste gilt heute als eine der größten deutschsprachigen Dichterinnen. Ihr Leben und ihr Werk bezeichnet man als biedermeierlich. Aber sie überschreitet solche Epochenvorstellungen. Manchmal wird sie als »Heimatdichterin Westfalens« missverstanden. Mit ihrem Detailrealismus nimmt sie kommende Perspektiven vorweg. Sie überschreitet Grenzen, auch wenn ihre Gedichte westfälische Impressionen spiegeln. Ihr klarer Verstand, ihre sprachliche Imaginationskraft, ihre Musikalität, ihr Sinn für Dramatik, ihr Freiheitsdrang, ihr Mut lösen die Texte aus engen Epochenbegrenzungen und reizen auch heute zum Verstehen, Entschlüsseln, Identifizieren, auch zum befremdeten Lesen. Ihre Texte zu verstehen erfordert Mühe, erfordert immer wieder ein dialogisches Lesen, das dann plötzlich Verstehen eröffnet.
Es war nicht standesgemäß, dass eine Frau Texte veröffentlichte. Aber Annette von Droste-Hülshoff greift nicht, wie

etwa George Sand in Frankreich, zu einem männlichen Pseudonym. Sie publiziert ihre Werke zunächst unter der Abkürzung »von D.«. Am Ende ihres Lebens aber kümmert sie sich kaum noch um die gesellschaftlichen Tabus. Mit siebenundvierzig lässt sie ihr Gesamtwerk unter ihrem vollständigen Namen erscheinen, erhält sogar so viel Geld dafür, dass sie sich in Meersburg, wo sie bei ihrer Schwester Jenny wohnt, das »Fürstenhäusle« kaufen kann. Bevor sie dort einziehen kann, stirbt sie, am 24. März 1848, auf der Meersburg.

Lesevorschlag:

Als Einstieg in das Werk der Droste sollte man ihre Gedichte wählen, zum Beispiel *Brennende Liebe, Das Spiegelbild, Am Turme, Durchwachte Nacht, Lebe wohl* und *Im Grase*. Die Erzählung *Die Judenbuche* ist ihr berühmtestes Werk. Unbedingt (wieder) lesen!

Besichtigungstipps:

Das Wasserschloss Hülshoff bei Münster, das Geburtshaus der Droste, lohnt einen weiten Umweg. Man sollte sich auch Zeit für den schönen Garten nehmen.
In Roxel bei Münster ist das sorgsam gepflegte Rüschhaus mit Annettes »Schneckenhaus« zu besichtigen.
In Meersburg am Bodensee kann man das Schloss besuchen, in dem Annette von Droste-Hülshoff bei ihrer

Schwester Jenny lebte und wo sie starb. Hier sollte man sich auch das Fürstenhäuschen hoch über dem Ort nicht entgehen lassen und, wenn man mag, eine Blume auf das Grab auf dem Friedhof von Meersburg legen.

Über Heinrich Heine
Frederik Hetmann

Was gibt es da zu rätseln?

Es ging auf Ostern und auf die Ferien zu.
Am letzten Schultag sollte ein öffentlicher Schulactus sein, also eine Veranstaltung, bei der wir herzeigen sollen, was wir im Laufe des Schuljahrs fürs Leben alles gelernt haben.
Da ruft mich Wegbrecht, unser Magister in Deutsch, nach der Stunde zu sich. Er schaut aus wie ein Uhu, den man zum Spott dem Licht des Tages ausgesetzt hat und dem Getschilp der Spatzen. Vor seinen misstrauisch zwinkernden Augen schwebt eine rote Knollennase daher, von der man denken könnte, darin sei seine Notation Branntwein.
»Harry, du Feixer, du Galgenstrick«, spricht er, »hab ich nicht immer gesagt, an dir sei ein Komödiant verloren gegangen ...?«
Ich nicke gehorsam und frage mich, wo das hinauswill, halte Abstand, denn obwohl es erst auf Mittag geht, weht doch ein Ruch von ihm, der nicht von Nelkenöl kommt.
»Mich dünkt«, fährt er fort, »du hättest Schillers Ballade *Der Handschuh*, damals, als wir sie uns eingeprägt haben, mit recht hübschem Schwung deklamiert ...!« Mir fällt ein, wie er bei solcher Gelegenheit die Jamben, Trochäen und Daktylen mit dem Rohrstock nicht nur auf die Kante des Pultes skandiert, sondern manch liebes Mal auch auf unsere Finger-

spitzen, wo sie nachbrennen unter den Nägeln, dass man wahrlich sein Leben lang die Hebungen und Senkungen des Versmaßes nicht vergessen wird.

»Danke, Magister Wegbrecht«, sage ich und mache einen Kratzefuß, wie sich's gehört nach seinem Willen bei solchem Extralob, könnt mich aber backpfeifen über so viel Unterwürfigkeit und nehme mir vor, demnächst einmal eine Skizze derart zu versuchen: Wir beim Gedichtauswendiglernen in der Klasse, erleuchtet von einer Knollennase, die etwas hat von einer ewigen Lampe; der Rohrstock, wie er sich selbständig gemacht hat und Schmitze austeilt dort, wo einer, dem der Sinn gerade nicht nach so Edlem und Hehrem steht, sich davonstiehlt mit seinen Gedanken in ganz triviale Träume.

»Also ... Du wirst die Ballade des Herrn Friedrich von Schiller bei der Schulfeier vortragen.«

Er lässt seine sonst ewig flatternden Wimpern eine Sekunde lang still stehen, reißt die Augen weit auf. Der Blick ist jetzt starr und streng.

»Aber«, fährt er mit erhobener Hand fort, »ich hoffe, du bist dir auch der großen Verantwortung bewusst, die damit auf deinen jungen Schultern ruht. Keine Faxen, bitte ich mir aus, Schwung und Frische ... Begeisterung! Du kannst das schon, wenn du den Schalk in dir nur einmal zehn Minuten an die Kandare nimmst. Präge dir also die Verse noch einmal ein. Am besten sprichst du sie dir jeden Abend im Bett, wenn du die Kerze gelöscht hast und darauf wartest, dass dir der

Schlaf kommt, immer wieder laut vor, damit sie in deinem Hirn verankert werden.«

»So will ich's tun, Magister Wegbrecht«, verspreche ich und er tätschelt mir doch tatsächlich die Wange.

Ich laufe hinaus auf die Gasse. Die Kameraden fragen mich, was denn gewesen sei. Ich erkläre es ihnen. Teils haben sie Achtung, teils geben sie sich spöttisch. Ich kümmere mich nicht darum, mach aber wohl ein Gesicht wie zehn Tage Regenwetter, weil ich mir überlege: Der Saal und all die Menschen, und ich soll meine Empfindungen vor ihnen aussingen. Auch grüble ich darüber nach, ob ich tatsächlich einen Schalk in mir habe, der sich an die Kandare nehmen lässt, da mir's in der letzten Zeit doch häufig todtraurig ist, ohne dass ich wüsste, warum, als ob ich an einer Totenbahre stünde.

Daheim erwähne ich das mit dem Gedicht nur, weil sie einen darüber fragen und löchern, was denn in der Schule gewesen sei.

Wir sitzen beim Mittagsmahl. Der Vater hört es und murmelt nur: »Soso ... Recht brav!«

Ich weiß schon: Von Poesie hält er nicht viel. Davon könne man kein Manchester-Tuch kaufen, sagt er manchmal, wenn die Rede davon ist.

Aber die Mutter spricht: »Denk doch an die Ehre, Samson. Das ist auch gut fürs Geschäft!«

Ich muss an mich halten, weil bei ihnen alles immer nur daran gemessen wird, ob es einen Taler bringe oder zwei Gulden, und es gibt doch Dinge, die sich nicht nach klingender

Münze berechnen lassen auf dieser Welt. Aber wer bin ich, dass ich ihnen das predigen soll? Die Mutter kriegt ihren schwärmerischen Blick und ich weiß, jetzt träumt sie mir einen neuen Beruf. Was hätte ich nicht schon alles werden sollen, ginge es nach ihrem Willen und ihren Träumen. Zuerst nicht mehr und nicht weniger als ein Marschall in Napoleons Heer. Wogegen ich nichts hätte, weil es so übel nicht wäre, durch die Welt zu reiten und viel zu sehen.

Aber auch schon einen Pfaffen hat sie aus mir machen wollen, als Rektor Schallmayer einmal sagte, es ginge gut mit mir und dem Latein. Der Vater hat nur gespottet. Dann müsste ich erst einmal getauft werden. Aber sie hat gesagt, für so ein Amt im Schoße der Kirche könne man sich wohl schon ein bisschen nass machen lassen.

Jetzt aber spricht sie: »Für eine solche Feier muss der Junge natürlich einen neuen Anzug haben.«

Und damit ich nicht übermütig werde bei so viel Beachtung, fügt sie, zu mir gewandt, hinzu: »Dass du mir's aber ja lernst … dieses Gedicht. Sag's her, bis es dir zu den Ohren herauskommt. Möchte da nicht erleben, dass du stecken bleibst vor all den Leuten … Selbst hör ich dir's ab. Einmal morgens und einmal abends.«

Wenn die Mutter etwas festsetzt, gibt es keine Widerrede und kein Entkommen. Der Vater ist mild, aber sie führt ein energisches Regiment.

Ich sage also die Ballade her. Morgens und abends, und immer geht's wie geschmiert.

Heinrich Heine

Sie kritisiert zwar, dass ich zu wenig Gefühl hineinlege, die Verse zu sehr leiere; flüstert immer, ehe »von zärtlichem Liebesblick« die Rede ist, der »nahes Glück« verheißt: »Jetzt gefühlvoller, Harrü!« Tröstet sich dann aber damit, dass ich's eben noch nicht recht verstünde, über was ich da rede, weil mir die Erfahrung fehlt in solchen Dingen.
Ich belasse sie in diesem Glauben. Sie ahnt nichts von Elvira, die ich auf der Promenade gesehen habe, zwischen ihren Eltern. Dort jedenfalls zum ersten Mal.
Elvira ist wunderschön, ein schlankes Mädchen mit blonden Locken und einem feinen, leicht nach oben gebogenen Näschen.
Aber für mich hat sie keinen Blick. Sie ist ein, zwei Jahre älter als ich, und ich wette, sie schwärmt für so einen Laffen von Studenten, der, sähe er, wie ich sie anstarre, mich gleich auf schwere Säbel fordern würde.
Von Elvira träume ich, wenn ich abends im Bett liege, die Kerze gelöscht, der Don Quichotte davongeritten ist und ich auf den Schlaf warte. Ich bilde mir ein, dass ihre Fingerspitzen mir über die Augen fahren, ganz sanft, wie ein feiner Wind … Doch in der Wirklichkeit sehe ich Elvira nur aus der Ferne, auf dem Schulweg oder eben beim Sonntagsspaziergang auf der Promenade, wenn unsere Väter voreinander den Zylinder ziehen.
Auch nun wieder hole ich sie in meinen vornächtlichen Traum, da ja, wie die täglichen Proben vor meiner Mutter bewiesen haben, die Ballade in meinem Hirn schon fest ver-

ankert ist wie ein schwerer Rheinkahn am Bollwerk draußen vor der Stadt. Einmal sogar – ihr Vater, der Herr Oberappelations-Gerichtspräsident, und der meine sprachen miteinander auf der Promenade, sei es über die Armenpflege, sei es darüber, welche Nummer wohl in der Lotterie groß herauskommen werde; wir Kinder standen stocksteif hinter unseren Müttern, die auch ein paar Worte wechselten – ist es mir gelungen, mich scheinbar achtlos, mit gespielter Lässigkeit, so nahe an Elviras schlanke Hochmütigkeit heranzustehlen, dass es möglich wurde, ihr etwas zuzuraunen, ohne Gefahr, dass die mit sich selbst beschäftigten Erwachsenen es würden hören können.

Als ich vor diesem entscheidenden Moment stand, überkam mich aber so etwas wie ein Eisfluss. Eine große Schüchternheit lähmte plötzlich mein Bewusstsein. Was sollte ich ihr sagen? Kein poetisches Kompliment fiel mir ein, noch einer der vielen Verse, die ich zuvor heimlich für sie gemacht hatte. Ich durchwühlte hastig alle Schubladen meiner Erinnerung, und alles, was mir dabei in die Hände fiel, war ein Zuruf, den ich einmal von Männern auf der Straße gehört hatte, als eine hübsche Dienstmagd mit runden Brüsten, die fröhlich unter ihrem Kleid hüpften, vom Markt zurückkam.

Also zischelte ich Elvira zu: »Liebchen, du riechst jut, sach mir, wo wohnste?«

Die Antwort war nur ein kaltes, hochmütiges Lachen, wobei aber ihre langen blonden Locken durch die hastige Bewegung ihres Köpfchens in eine Unordnung gerieten, die ich graziös zu nennen geneigt bin.

Wenn also meine Mutter der Ansicht ist, ich wisse nicht, was die Liebe tut, so ist das ein Irrtum, den ich aber nicht aufklären möchte; denn würde ich ihr meine wahren Gefühle und Verhältnisse anvertrauen, sie würde mich gewiss empört ausschelten.

Kein Tag vergeht, an dem ich meiner Mutter nicht zweimal die Ballade hersage, mich als Ritter Delorges in den Zwinger wieder und wieder unter die gräulichen Raubkatzen wage, dort den Handschuh aufhebe und meinen Mann stehe.

Und dann endlich ist es so weit.

Ein neuer Anzug ist mir gekauft worden, und als die Sonne den Morgen des Tages bescheint, an dem die Schulfeier stattfinden soll, springe ich fast stürmisch aus dem Bett, was sonst nicht meine Art ist, wasche mir die Träume des Abends und der Nacht aus dem Gesicht, steige in ein Paar feine gelbe Hosen, die in etwa den Farbton vom Gefieder eines Kanarienvogels haben, lege ein Hemd mit Spitzen und eine Weste mit grauen Silberknöpfen an, fühle mich ganz keck und frei, leicht und sicher und denke mir: Auf nur, du wirst heute den Rheinkahn vom Bollwerk losmachen und ihn geschwind in die Mitte des Flusses steuern. Ist er erst einmal dort, tut die Strömung ein Übriges, ihn bis nach Antwerpen und weiter ins offene Meer hinauszutragen.

In der Schule nimmt mich Magister Wegbrecht sogleich noch einmal ins Gebet. Mein Auftritt sei gleich zu Anfang, die fei-

erliche Introduktion. Frisch und frei und mit Schwung solle ich rezitieren, meinen Eltern, die in der ersten Reihe sitzen würden, zur Freude und zum Stolz, meinen Lehrern und der Schule zur Zierde und den vielen Gästen zur rechten Erbauung. Ich blicke kalt, jetzt schon ganz der Ritter Delorges. Die Erwähnung der Plätze meiner Eltern in der ersten Reihe lässt mich die Baumwolle in meinen Waden spüren – und von den Schmetterlingen in meinem Magen könnte man gewiss eine ganze Sammlung aufspießen.
»Falls du stecken bleibst«, sagt Wegbrecht mit seinem Uhublick, »neige deinen Kopf etwas zur Seite. Ich werde auf alle Fälle hinter den Lorbeerbäumen stehen, damit ich dir soufflieren kann.«
»Dessen wird's nicht bedürfen«, sage ich stolz.
»Man kann nie wissen«, murmelt er.
Aber ich höre nicht mehr hin. Auch was meine Kameraden zwitschern, höre ich nur noch aus der Ferne. Ich bin entrückt, denke nur noch an den *Handschuh*.
Auf der Bühne unserer Aula halte ich mich aber dann doch in der Nähe der Lorbeerbäume.
Ich versuche mir Kohlköpfe einzubilden, aber oh weh! Es sind Menschen. Nur Menschen schwatzen so, starren so erwartungsvoll herauf. Der Saal ist bis auf den letzten Platz gefüllt. Etwas vor den Reihen des allgemeinen Publikums, in denen zuvorderst die Eltern der Schüler sitzen, unter denen ich nun auch meine Mutter, meinen Vater, den Herrn Apotheker und den Doktor Jacoby erkenne, der mir über die

Windpocken geholfen hat, stehen prunkvolle Lehnstühle. Und in ihnen räkeln sich (ja wirklich, ich muss es so nennen, so überheblich, bequem und blasiert sitzen sie da) die Schulinspektoren.

In ihrer Mitte aber steht noch ein leerer Sessel, auf dem mein Blick ruhen bleibt, vielleicht weil es seltsam ist, in einem überfüllten Saal einen leeren Stuhl zu erblicken. Und noch dazu einen, dessen Beine, Lehne und Arme mit Goldbronze angestrichen sind und dessen Sitzfläche mit mattblauer Seide bezogen ist. Da meint man doch, mindestens der Landesvater selbst müsse noch erscheinen.

Rektor Schalmayer, der in der ersten Reihe hinter den Extra-Stühlen auf dem Eckplatz am Mittelgang sitzt, erhebt sich nun, tut, als ob er sich räuspere, und ruft dann für alle verständlich in den Saal: »Meine sehr verehrten Damen und Herren, ich bitte um Ihre Aufmerksamkeit! Der Schüler Harry Heine wird jetzt die Ballade *Der Handschuh* von Friedrich von Schiller zum Vortrag bringen.«

Ich will schon ansetzen, habe schon Atem gefasst, da klappern die Türen zur Aula. Jemand, dem man anmerkt, dass er die ganze Zeit in Eile gewesen ist, wälzt sich durch den Mittelgang. Ich sehe zuerst nur eine Uhrkette, die sich über einem voluminösen Bauch spannt. Ich sehe eine Hand, die einen Zylinder unwillig schwenkt, auf dass er zuklappe. Aber dann erkenne ich, dass es der Herr Oberappelations-Gerichtspräsident ist. Doch er ist nicht allein, und wenn die eine Hand mit dem Zylinder beschäftigt ist, so zerrt er

an der anderen Hand eine Jemand hinter sich her, die ich kenne. Nein, nur das nicht! Bitte, das darf doch nicht wahr sein. Bitte, nein!
Aber ja doch …. Diese Jemand ist niemand anderes als Elvira, seine Tochter … Im Sonntagskleid, in dem sie mir so vertraut ist. Dem Vater wird in der ersten Reihe Platz gemacht. Sie aber steht eine Sekunde hilflos vor den Stuhlreihen. In diesem Augenblick hat sie etwas von einem weißen Vogel, der gleich flatternd hochfahren wird. Bis jemand auf den goldnen Sessel in der Mitte zwischen den Lehnstühlen der Schulinspektoren weist, der offenbar nicht gebraucht wird, und sie dort mit einer Grandezza, als sei es ihr gutes Recht, Platz nimmt.
Rektor Schalmayer hebt bedauernd die Schulter, als sei er persönlich für das verspätete Erscheinen des Herrn Oberappelations-Gerichtspräsidenten verantwortlich zu machen, und sagt: »Darf ich jetzt also bitten, Harry!«
Auf denn: Den Rheinkahn vom Bollwerk losmachen und gleichzeitig Menschenköpfe in Kohlköpfe verhexen; daran denken, dass ich nach dem Wunsch meiner Mutter gefühlvoller werden soll gegen das Ende hin, aber auch frisch und frei sein.
Es geht ganz gut.
Meine Stimme malt den Löwengarten. Das Tor tut sich auf. Heraus rennt der Tiger. Zwei Leoparden gesellen sich ihm zu. Ich spüre, dass ich die Zuhörer durchaus in meinem Bann habe, das will etwas heißen: Karl mit seinen ewigen Zoten,

den dürren Emil, Christian, mit dem ich mich auf keinen Ringkampf einlassen könnte; weiter vorn Doktor Jacoby, der meine Windpocken kuriert hat, meinen Vater, der so gut wie nichts von Poesie hält, weil man damit kein Manchester-Tuch kaufen kann, Rektor Schalmayer, der mich schon in Rom sah, meine gute Mutter, ihre Busenfreundin, Frau Traxwedel, die nie unser Haus verlässt, ohne nicht drei Glas Porto getrunken zu haben, und schließlich jener hinter dem Lorbeerstrauch, der sich immer bücken muss, damit ihn unten aus dem Saal keiner sieht, der Uhu-Mensch, der Schmitzgeber, der Kopftätschler.
Mit dem Aufsagen geht es vortrefflich. Nun komme ich zu der Stelle, an der es heißt:

Herr Ritter, ist eure Lieb so heiß,
wie ihr mir's schwört zu jeder Stund',
ei, so hebt mir den Handschuh auf!

Da mache ich den Fehler, Elvira unverwandt in die Augen zu blicken, so direkt, als wären wir nicht hier in einem Saal vor ein paar hundert geladenen Gästen, sondern befänden uns in einem verwilderten Garten, als schwinge sie auf einer Schaukel, lachend, und ich müsse sie mit meinen Blicken ins Gras werfen, damit ich mich dort vergnügt mit ihr balgen kann und Küsse einheimsen wie im Herbst Nüsse. Ich stocke plötzlich. Noch hat keiner unten im Saal etwas von meiner Hemmung bemerkt. Der Uhu-Mensch tritt in Aktion.

Er lässt mich nicht hängen. Immerhin bin ich sein Schüler. Was ich an Ruhm oder Schande heimbringe, es fällt auch auf ihn.
Sie soll nicht so gleichgültig dreinschauen. Ich bin der Ritter Delorges. Ich will, dass sie freundlich blickt. Vielleicht bin ich doch nicht der Ritter, denn der stieg hinab zu den Bestien, obwohl Fräulein Kunigunde voller Mutwillen war. Aber es geht ja nicht um Mutwillen hier.
Ich entdecke etwas in Elviras Augen, das mich empört. Etwas in diesen Augen sagt Ja, aber ein anderes, das viel mächtiger ist, getraut sich nicht, Ja zu sagen.
Ich suche nach der nächsten Zeile.

»Und der Ritter, in ...«

Ja, was denn in ...?
Warum, zum Teufel, sagt jemand nicht Ja, der Ja sagen möchte? Was hält ihn in Gefangenschaft? Wie kommt es, dass dieses Etwas so stark ist, dass es diese zärtlichen Augen so kalt dreinblicken lässt?
Ich friere.
Ich weiß, was es ist. Nämlich alles, was sich in dem Wort Konvention versammelt, und meine Wut und mein Wissen schnüren mich ab vom Rest der Zeile, obwohl sie der Uhu hinter dem Strauch ausruft, so laut, dass es die Leute im Saal hören müssen.
Aber ich schere mich nicht darum. Für mich ist es viel wich-

tiger, die Abweisung dieser schönen Augen zu brechen. Doch sie halten meinem Blick stand. Dann brüllt es flüsternd:

*»... in schnellem Lauf,
steigt hinab in den furchtbarn Zwinger ...«*

Ich brauchte es nur zu wiederholen und ich wäre gerettet. Aber in eben diesem Augenblick lächelt Elvira, lächelt freundlich, ermunternd, oder soll ich besser sagen: überwältigt von meinem Zorn?
Meine Augen lassen von dem Gesicht ab, streifen über ihren Körper hin. Da ...
Ich spüre noch, wie ich falle. Ich höre den vielstimmigen Aufschrei des Publikums, der in die Stille hinein verebbt.
Darauf nichts mehr.
Etwas, das scharf riecht, bringt mich wieder ins Bewusstsein zurück.
Ich merke, ich bin irgendwo anders, wo, weiß ich nicht, will es nicht wissen.
Ich lasse die Augen geschlossen, aber ich höre gut zu.
»Es war einfach zu heiß im Saal.«
»Ein sensibles Kind.«
Der Puls ist leicht beschleunigt.
Am liebsten würde ich aufspringen und um mich schlagen.
Das muss der Herr Medikus sein. Ja, jetzt spüre ich es. Finger umspannen, die Adern umtastend, mein Handgelenk.

»Eine Blamage für die Schule …«
»Ein guter Pädagoge weiß, welcher seiner Schüler Nerven hat und welcher keine.«
Nerven! Dass ich nicht lache.
»Und ich sage Ihnen, es war die Hitze.«
Jemand fächelt mir Kühlung zu. Und was da so scharf riecht, muss Ammoniak sein, das mir in einem Riechfläschchen unter die Nase gehalten wird.
»Bis zur bewussten Stelle klang es aber sehr ordentlich.«
»Sehr gefühlvoll.«
»Er hat es sich vielleicht nicht recht eingeprägt.«
»Ach, wo denken Sie hin! Er hat mir die Ballade Tag für Tag zweimal aufgesagt, ohne jedes Stocken!«
»Diese Ohnmacht ist mir ein Rätsel!«
Moses, Vater meiner Väter, warum begreifen sie es nicht! Es waren Elviras Augen, ihre Brust, die sich hob und senkte. Und als mein Blick zu ihren Hüften gelangte, da verlor sich alles. Verdammt, was gibt es denn da zu rätseln? Warum sehen sie das nicht ein! Ist es nicht das Nächstliegende? Ein schönes Mädchen!
Plötzlich begreife ich, dass sie alle Versteck spielen, dass sie nicht darauf kommen, weil sie nicht darauf kommen wollen. Und ich schlage die Augen auf.
»Harrü«, trompetet es mir entgegen.
Meine Mutter hat meinen Namen gerufen.
Sie meint es immer so gut mit mir.

Heinrich Heine
* 13.12.1797 in Düsseldorf, ✝ 17.2.1856 in Paris

Heinrich Heine wird am 13. Dezember 1797 als Sohn des Kaufmanns Samson Heine und seiner Frau Elisabeth van Geldern in Düsseldorf geboren. Heinrich wird in seiner Jugend Harry gerufen. Er besucht das Düsseldorfer Lyzeum und geht 1815 als Banklehrling nach Frankfurt. Zwei Jahre später wird er nach Hamburg geschickt und tritt dort in das Bankhaus seines Onkels Salomon Heine ein.

Der Onkel finanziert dem jungen Harry ein Kommissionsgeschäft: Harry Heine & Co. Aber Heine macht bald Bankrott. Daraufhin bezahlt ihm der wohlhabende Onkel ein juristisches Studium. Heine studiert zunächst in Bonn und geht dann nach Göttingen, wo er im Wintersemester 1821 schließlich der Universität verwiesen wird.

Heine immatrikuliert sich nun in Berlin. Dort verkehrt er in den Salons der Rahel Levin und der Elisabeth von Hohenhausen. Außerdem engagiert er sich lebhaft im »Verein für Kultur und Wissenschaft der Juden«. 1824 nimmt er in Göttingen sein juristisches Studium wieder auf und promoviert ein Jahr später. Es ist die Zeit, in der *Die Harzreise* entsteht; darin entwirft Heine unter anderem ein ironisches Porträt der Stadt Göttingen. Damit er als Jude nicht in seiner beruf-

lichen Karriere behindert wird, tritt er zum Protestantismus über.
1827 reist Heine nach England. Im selben Jahr erscheint im Hamburger Verlag Hoffmann & Campe seine Gedichtsammlung *Buch der Lieder*. Nach einer kurzen Herausgebertätigkeit bei den *Neuen Allgemeinen Annalen* in München unternimmt er 1828 eine Italienreise, die später ihren literarischen Niederschlag in seinen Werken finden wird. In diesem Jahr stirbt sein Vater. Heinrich Heine kehrt nach Hamburg zurück und besucht Helgoland.
Als er 1831 davon hört, dass Paris zu einem »Mekka der Liberalen« geworden ist, reist er in die französische Hauptstadt und nimmt dort seinen Wohnsitz. Er arbeitet als Korrespondent der *Allgemeinen Zeitung* und für verschiedene französische Blätter. Im Jahre 1835 verbietet der Deutsche Bundestag die Schriften des »Jungen Deutschland«. Auch Heine ist von diesem Verbot betroffen. Die französische Regierung gewährt ihm als Emigranten eine Pension.
1841 heiratet Heinrich Heine, er ist jetzt dreiundvierzig Jahre alt, Mathilde, die er sieben Jahre vorher kennen gelernt hat. Mathilde hat als Verkäuferin in einem Schuhgeschäft gearbeitet und heißt eigentlich Crescentia Eugenie Mirat. Sie ist die illegitime Tochter einer Bäuerin und eines reichen Herrn.
1843 kehrt Heinrich Heine das erste Mal nach Deutschland zurück. Auf dieser Herbstreise lernt er Karl Marx kennen. Im Jahr darauf besucht er erneut die alte Heimat. Die *Neuen*

Gedichte erscheinen. In *Deutschland. Ein Wintermärchen* kommentiert Heine frech-ironisch seine Beobachtungen auf dieser Reise von Paris nach Hamburg im Hinblick auf die politischen Zustände in Deutschland.
In diesem Jahr, 1844, stirbt sein Onkel, der reiche Salomon Heine. Es beginnen unangenehme Erbschaftsstreitigkeiten.
1848 erkrankt Heinrich Heine an einer Rückenmarksschwindsucht, möglicherweise aber auch an den Spätfolgen einer Syphilis, die er sich in Göttingen zugezogen hat. Die Krankheit fesselt ihn schon bald ans Bett. Den Rest seines Lebens muss er in seiner »Matratzengruft« verbringen.
Im Jahre 1855, ein Jahr vor seinem Tod, verliebt er sich in Mouche, eigentlich Elise von Krinitz beziehungsweise Camilla Selden.
Heinrich Heine stirbt am 17. Februar 1856 in Paris. Er wird auf dem Friedhof Montmartre beigesetzt.

Lesevorschlag:

Beginnen sollte man mit Heines Gedichten, zum Beispiel *Deutschland. Ein Wintermärchen, Belsatzar, Sie saßen und tranken am Teetisch* oder *Don Ramiro*.
Danach kann man den Prosatext *Der Rabbi von Bacherach* lesen.
Weitere Informationen über Kindheit und Jugend Heines finden sich in den biographischen Romanen *Und küsste des Scharfrichters Tochter. Heinrich Heines erste*

Liebe von Hans-Christian Kirsch und *Harry Heine und der Morgenländer* von Jürgen Seidel.

👁 Besichtigungstipps:

In Düsseldorf lohnt sich ein Besuch des Heine-Museums.

In Hamburg kann man sich das Heine-Denkmal am Rathaus anschauen.

In Paris sollte man dem Grab auf dem Friedhof Montmartre einen Besuch abstatten. Viele Heine-Verehrer legen dort einen Veilchenstrauß nieder.

Über Georg Büchner
Frederik Hetmann

Der Geheimauftrag

Georg geht von Vilbel aus über Land, zu jenem Dorf hin, in dem Elbert wohnt.
Zweierlei hat er sich vorgenommen. Er will sich erkundigen, wie die Bauern die politische Flugschrift *Der Hessische Landbote*, die er und seine Freunde von der »Gesellschaft der Menschenrechte« verfasst haben, von den Bauern aufgenommen worden ist. Zudem muss er jenen Elbert, einen Gefängniswärter, aufsuchen und herausfinden, ob man Carl Minnigerode, der vor ein paar Tagen mit 158 zum Teil in den Rock eingenähten, zum Teil in den Stiefeln verborgenen *Landboten*-Drucken verhaftet worden ist und jetzt in Butzbach einsitzt, vielleicht durch Bestechung der Wächter dort befreien kann.
Georg läuft lange durch einen Wald und nach einer Weile kommt wieder Angst über ihn. Die Bäume und Sträucher sind ihm so fremd und selbst die Vogelrufe tun ihm weh in den Ohren.
Es hat angefangen zu regnen. Das Blattwerk ist dicht, aber es dauert nicht lange und sein Gesicht ist nass, der Weg wird glitschig. Es geht jetzt bergab, immer noch durch den Wald in das Tal hinab, in dem das Dorf liegt. Seine Hosen bekommen von der Nässe dunkle Flecken auf den Oberschenkeln und seine Stiefel sind lehmbeschmiert.

Als er den Talgrund erreicht, fällt der Regen noch dichter. Aber der dunkle Wald liegt hinter ihm. Er geht durch Wiesen, die dampfen. Er läuft auf eine Steinbrücke zu. Auf dem anderen Ufer liegt das Dorf mit dem Kirchturm.
Ein Mann kommt ihm entgegen. Seinen Gruß beantwortet dieser nur mit einem stieren, verwunderten Blick, so dass Georg es nicht wagt, ihn nach dem Dorfkrug zu fragen. Die Behausungen im Dorf sind mehr Hütten denn Häuser. Auch die Hauptstraße ist schlammig, mit Pfützen so groß wie kleine Seen. Plötzlich ist ein barfüßiger Junge mit einer Herde Gänse neben ihm, der vergnügt pfeift und durch die Pfützen platscht. Aber auch den wagt er nicht anzusprechen.
Schließlich stößt er an einem Platz gegenüber der Kirche auf den Dorfkrug und tritt ein. Er steht in einer dunklen, verräucherten Höhle mit zwei winzigen Fenstern zur Straße hin. An der fensterlosen Wand erkennt er einen großen, offenen Kamin, in dem kein Feuer brennt. Tische gibt es nicht, nur hölzerne Bänke, die kreuz und quer im Raum vor einer Theke stehen.
Niemand lässt sich sehen. Ein säuerlicher Geruch kitzelt Georg im Hals. Es ist so still, dass er sich einbildet, die Bewohner des Hauses seien tot. Er räuspert sich, ruft. Niemand kommt. Er nimmt sein Ränzel ab, setzt sich auf eine der Bänke und wartet. Seine Hosenbeine kleben nass auf seinen Oberschenkeln. Das Hemd ist an den Schulterblättern durchgeschwitzt.
Er hört schlurfende Schritte. »Ja?«, fragt der Mann, der groß

und gedrungen ist und von dessen Gesichtszügen er nicht viel erkennen kann.

»Ein Bier, bitte.«

»Bier gibt's nicht.«

»Einen Korn dann.«

Der Mann gießt aus einer Tonflasche ein, kommt mit dem Schnapsglas, das aus Steingut ist, hinter dem Tresen hervor und stellt es neben Georg auf die Holzfläche der Bank.

Georg trinkt. Der Schnaps macht heiß, aber wenigstens vertreibt er die Dumpfheit, die er mit sich herumgetragen hat. Er fragt nach dem Preis.

»Später«, sagt der Mann, »vielleicht trinkt Ihr ja noch einen.«

Was jetzt sagen? Es ist gut, dass es so düster ist. Bestimmt habe ich jetzt wieder diese roten Flecken auf Wangen und Hals, denkt Georg. Soll er den Schnaps loben, vom Wetter reden? Aber dann nimmt ihm der Mann das Fragen ab. »Kommt Ihr von weit her?«

»Heute von Frankfurt. Habt Ihr immer so wenig Gäste?«

»Herr«, sagt der Mann, »es gibt nicht allzu viele Leute in unserem Dorf, die sich unter der Woche einen Schnaps leisten können.«

»War die Ernte nicht gut?«

»Gut oder schlecht«, sagt der Mann, »das ändert nichts.« Aber der Roggen sei noch nicht herein und man müsse mit Schaden rechnen bei den häufigen Regenfällen in den letzten Tagen.

»Trinkt Ihr einen Schluck mit?«, fragt Georg.
»Warum nicht, Herr«, sagt der Mann, schlurft wieder zum Tresen und holt einen zweiten Becher und die Tonflasche.
»Auf Eure Gesundheit.«
»Auf die Eure!«
Der Mann sitzt jetzt auf einer Bank, ihm schräg gegenüber, und sie trinken.
»Hättet Ihr ein Bett über Nacht für mich?«, fragt Georg.
»Nur im Heu ... Ihr seid Student, oder?«
Georg nickt. Er versucht noch immer, die Gesichtszüge des Mannes auszumachen. Auf dem Weg nach Gießen sei er, sagt Georg, vielleicht habe er ja einen Schatz hier.
»Dann seht nur zu, dass Ihr nicht mit den Fäusten unserer Burschen Bekanntschaft macht ... Und wenn Ihr das Mädchen mitbringt, wenn Ihr sie mitnehmt ins Heu, in meiner Scheune, dann müsst Ihr schon noch einen Kreuzer dazulegen.«
»Nein«, sagt Georg, wegen eines Mädchens sei er nicht hier.
Er spürt, wie der Mann neugierig wird. Der Mann rückt auf der Bank etwas auf ihn zu und fragt: »Trinkt Ihr noch einen?« Dabei hat er schon eingeschenkt.
»Nur, wenn Ihr auch noch einen mittrinkt. Auf meine Rechnung, versteht sich.«
»Ich bin so frei«, sagt der Mann und ächzt wohlig, als er den Schnaps hinuntergekippt hat. »Nicht wahr, Ihr seid kein Student?«
»Doch, bestimmt.«

»Aber Ihr stellt Nachforschungen an, Herr Student. So ist's doch?«

»Und wenn es so wäre?«

»… könnt Ihr bei mir so manches erfahren«, sagt der Mann wichtigtuerisch. Er gießt sich wieder ein und trinkt. Diesmal vergisst er Georg.

Dann fängt er an zu reden, als kriege er es bezahlt, und Georg wird heißer dabei als zuvor bei den Schnäpsen. »Klar«, sagt der Mann, er sei im Bilde. Es gehe doch gewiss um die Flugblätter. Zwei davon seien vorgestern im Dorf gefunden worden. Das eine bei Lauritzens hinter dem Schweinestall. Das andere auf dem Kirchhof. Die Bauern, die sie gefunden hätten, seien zu ihm gekommen, weil er recht flüssig lese und der Pfarrer nicht gleich zur Stelle gewesen sei. Er habe nur einen Blick auf den Wisch zu werfen brauchen, da sei ihm schon alles klar gewesen. Revoluzzerblätter. Hetze gegen die hohe Obrigkeit. Er habe den Bauern geraten, die Blätter auf der Stelle nach Vilbel auf die Gendarmeriestation zu tragen. Zwei Gendarmen seien dann auch noch am heiligen Sonntag zu Pferde herübergekommen. Sie hätten die Fundorte genau protokolliert und selbst der Herr Pfarrer sei verhört worden.

»So ist's recht«, lobt Georg und sagt, jetzt schon ganz sicher in der Rolle, die er sich vorgenommen hat zu spielen: »Wir messen nämlich der Angelegenheit größte Bedeutung bei.«

Der Mann stockt, starrt ihn an. »Ihr seid also tatsächlich von der …«

»Keine Namen, bitte, Diskretion!«
»Ehrensache«, stammelt der Mann, »ich hab's doch gleich gewusst, dass Ihr kein Student seid.«
»Wie das?«
»Zum Ersten: Ihr seht so gesetzt aus. Zum Zweiten: Hat man je einen Herren Studiosus getroffen, der einem armen Mann einen Korn zahlt?«
»Ah so. Und noch etwas: Kein Wort von unserer Unterhaltung zu den Gendarmen und zum Herrn Pfarrer.«
»Ist's denn ein Staatsgeheimnis?«
»Unsinn. Meine Behörde legt lediglich Wert darauf, sich ein eigenes Bild von der Situation auf dem Land zu machen. Zudem: Viele Gendarmen sind Tölpel. Und gegenüber der Geistlichkeit auf dem Lande ist neuerdings durchaus auch Misstrauen angebracht.«
»Was Ihr nicht sagt.«
»Also, offen heraus, was sagen die Leute zu der Schrift?«
Ob er noch einen Korn nehmen dürfe, fragt der Mann.
»Aber bitte, bedient Euch nur.«
»Wo's doch auf Staatskosten ist«, sagt der Mann und grinst. Nachdem er noch einen Schnaps gekippt hat, wischt er sich mit dem Handrücken über die Lippen.
»Eure Auskünfte«, erinnert ihn Georg.
»Ja, also«, fängt der Mann an, »wenn Ihr wissen wollt, was man hier denkt ... ich will mal sagen: Wir sind arme Leute, wir bleiben arme Leute, aber unsern Großherzog lieben und verehren wir doch!«

Georg Büchner

»Bravo, guter Mann, und weiter?«
»Und Fremde müssen da nicht kommen und uns sagen wollen, wie es auf der Welt zugeht. Fremde nicht und Franzosen schon allemal nicht.«
»Wieso Franzosen?«
»Das kommt doch alles aus Frankreich herüber. Woher denn sonst!«
»Seid Ihr da sicher?«
»Ganz sicher, Herr.«
»Immerhin, manches in der Schrift entspricht doch jedenfalls den Tatsachen.«
»Tatsachen, Tatsachen«, ruft der Mann voller Eifer, »wen kümmern die Tatsachen! Die Bauern nicht und mich auch nicht. Tatsachen kann ich nicht essen und nicht trinken.«
»Aber Tatsache ist doch wohl, dass Ihr hohe Steuern zahlen müsst und die Ablösung für den Zehnten und die Grundrenten. Ihr wollt doch nicht behaupten, dass dies ein jeder nur so aus dem Ärmel schüttelt.«
»Steuern gibt's nun mal, da hilft nichts, das weiß der Bauer.«
»Und heißt es nicht auf dem Wisch, euer Geld werde verprasst in der Residenz? Wird das geglaubt?«
»Herr«, der Mann lächelt schlau, »wisst Ihr, wie viele hier lesen können? Das Dorf zählt um die vierhundert Seelen, aber wenn es fünf sind, dann ist das gewiss schon hoch gegriffen. Schreiben, das mag noch angehen. Den eigenen Namen und auch ein paar Worte mehr. Aber lesen, eine ganze Schrift lesen, das schafft kaum jemand. Und selbst wenn – keiner ist

doch je in der Residenz gewesen. Da kann vieles behauptet werden von Prassen und Hurerei. Und dass es glänzend zuginge auf einer Fürstenhochzeit, wer wollte deshalb maulen? Das muss sein.«
Er müsse jetzt gehen, sagt Georg und es kommt ihm vor, als falle dieser Satz vielleicht etwas zu rasch. Deswegen fügt er hinzu: »Ihr habt mir einen wichtigen Dienst erwiesen.«
Er zahlt reichlich für den Schnaps und lässt sich den Weg zu Elbert beschreiben.
Wenn die hohe Obrigkeit in Frankfurt mal wieder derartige Auskünfte brauche, sagt der Mann, er stehe immer zu Diensten.
»Pst«, macht Georg und hebt die Hand.
»Immer zu Diensten, immer zu Diensten«, hallt es ihm nach, als er schon wieder draußen vor der Tür ist und nicht weiß, ob er lachen oder heulen soll.
Mit dem jungen Elbert geht es dann leichter, als er erwartet hat. Er sagt ihm bei der Begrüßung ein Parolewort, das unverfänglich genug ist, um in einen gewöhnlichen Satz geflickt zu werden.
Der junge Bursche ist nicht viel älter als er. Er nimmt ihn mit ins Haus und stellt ihn den Eltern als einen Freund aus Friedberg vor. Sie laden ihn zum Essen ein. Es gibt Kartoffeln und dicke Milch. Ehe sie mit dem Essen beginnen, spricht der Alte ein Gebet. Der Vater, die Mutter und der Großvater stellen keine Fragen. Die vier jungen Geschwister, die mit am Tisch sitzen, blicken Georg manchmal neugierig

und prüfend von der Seite an. Das Anwesen der Elberts ist ein Gehöft, das sich von den anderen durch eine gewisse Wohlhabenheit unterscheidet. Nach der Mahlzeit erklärt der junge Elbert, der mit Vornamen Karl heißt, er wolle den Freund noch ein Stück begleiten. Die Mutter nickt stumm. Der Vater sagt trocken: »Passt nur auf, dass euch kein Gendarm begegnet.« Er scheint eingeweiht.
Draußen sagt Georg, er wolle auf dem kürzesten Weg nach Butzbach gehen.
Geradewegs nach Norden, über Friedberg und Ostheim, rät ihm Karl.
Als sie auf offenem Feld sind, fragt Georg ohne Vorbereitung, ob Minnigerode in Friedberg eingeliefert worden sei.
Auf solche Fragen zu antworten sei nicht ungefährlich, entgegnet Karl.
Georg gibt ihm zwei Geldstücke. Nachdem er an ihnen prüfend herumgefingert hat, meint Karl, das sei nicht genug.
Georg gibt ihm noch einmal zwei Geldstücke. Dann fragt er, ob eine Befreiung möglich sei.
Das komme darauf an, wie viel man dafür aufbringen könne.
»Ihr tut das nur für Geld«, stellt Georg fest.
»Für was sonst?«, erwidert Karl.
Was er von der Flugschrift halte, fragt Georg und drückt ihm noch einmal Geld in die Hand. Er hofft immer noch darauf, dass die Schrift nicht überall so aufgenommen worden ist wie in dem Dorf, aus dem sie kommen.
»Unsinn das, und ein gefährlicher dazu«, sagt Karl.

»Aber der Wirt hat sie immerhin gelesen«, beharrt Georg.
»Der Wirt ist ein Dummkopf«, sagt Karl.
Den Eindruck habe er allerdings auch, sagt Georg und lacht unsicher. »Wie geht es Minnigerode?«
»Er hat das Maul bisher nicht aufgetan und sie haben ihn schon zweimal vernommen.«
Georg will nicht genau wissen, wie es dabei zugegangen ist.
»Also: Wie viel für die Befreiung?«
Karl nennt die Summe. Für ihn muss sie beträchtlich sein. Er nennt sie zögernd, ist unsicher, ob er so viel bekommen wird, gewiss könnte man handeln. Georg überlegt sich: Für ihn ist es der Betrag von zwei Monatswechseln.
»Und keine Besuche mehr bei mir daheim«, sagt Karl.
»Aber wie kann ich Verbindung zu Euch halten?«
»Über den Apotheker. Und jetzt muss ich umkehren«, sagt Karl.
»Einen Augenblick«, sagt Georg. »Wie schätzt Ihr die Wirkung der Flugschrift auf die Bauern ein?«
»Einer hat geäußert, das Papier sei gerade gut genug, um sich damit den Arsch zu putzen. Ein anderer hat gesagt, Bibelsprüche mache auch der Pfarrer in der Kirche.«
»Vielleicht geht es ihnen immer noch zu gut«, murmelt Georg.
»Zu gut?«, sagt Karl höhnisch. »Na, Ihr müsst's ja wissen. Ihr seid ja ein gelehrter Herr.«
»Und was sagen die Gendarmen? Was sagen Eure Kollegen im Gefängnis?«

»Mehr Arbeit macht's. Man muss über Land. Man muss viel schreiben. Wer tut das schon gern?«

»Danke«, sagt Georg. »Ihr könnt jetzt umkehren, wenn Ihr wollt.«

Jetzt müsse er noch etwas fragen, sagt Karl.

»Und das wäre?«

Ob es wahr sei, dass das Geld von jenseits der Grenze komme.

Wie das gemeint sei: Von jenseits der Grenze?

»Vom Franzosen!«

»Nehmt Ihr's dann nicht?«

Ha, Geld sei Geld. Er wüsste es nur gern.

»Nein, bestimmt nicht«, sagt Georg. »Wer bringt denn das auf mit den Franzosen?«

Karl zuckt die Achseln: »Die Leut, aber die reden halt viel, wenn der Tag lang ist …«

Ohne Gruß gehen sie auseinander.

Georg läuft bedrückt die Straße entlang. Plötzlich richtet er sich auf und redet auf einen Baum ein, der vor ihm auftaucht: »Wir müssen uns davor hüten, gleich alles verloren zu geben. Fehlschläge gibt es immer.«

Der Baum hat kein gutes Wort für ihn.

Er hört jemanden von den Kommilitonen am Biertisch sagen: »Was uns nicht umwirft, macht uns stark.«

Er bleibt stehen und sagt zu sich selbst: »Herr im Himmel … wir experimentieren mit Menschen, wir Vornehmen, wir Studenten, wir Gebildeten.« Er horcht diesem Satz nach und

fügt ihm noch einen weiteren an: »Wer gibt uns eigentlich das Recht dazu?«
Und damit ist er wieder bei der Frage, die ihn schon seit einiger Zeit umtreibt und auf die er keine Antwort findet.
Was macht, dass einem nur noch die Revolution, die Veränderung wichtig ist?
Was macht, dass man bereit ist, dafür nicht nur mit dem eigenen Leben, sondern auch noch mit dem anderer Vabanque zu spielen?
Was?
Georg findet auch diesmal keine Antwort auf diese Frage.
Aber er weiß, sie wird weiter in seinem Hirn brennen.

Georg Büchner
* 17.10.1813 in Goddelau (Hessen), ✝ 19.2.1837 in Zürich

Georg Büchner wird am 17. Oktober 1813 als Sohn eines Arztes in Goddelau in Hessen geboren. Im Herbst 1831 schließt er in Darmstadt das Gymnasium ab und geht zum Studium der Medizin nach Straßburg. Dort spielt sich sein Leben in drei Bereichen ab, die für sein literarisches Schaffen bedeutsam werden: im Kreise seiner liberalen, an Heimatgeschichte interessierten Verwandten; in einer kleinen Verbindung der Mediziner (»Eugenia«); und in radikal-politischen Vereinigungen, den so genannten Volksclubs (Societée des Amis des Peuple).

Georg Büchner verlobt sich heimlich mit Minna Jaeglé, der Tochter eines Pfarrers. Im Juni 1833 unternimmt er eine Wanderung durch die Vogesen, die ihre Spuren im Prosatext *Lenz* hinterlassen wird.

Im Herbst 1833 geht er nach Gießen und schreibt sich an der dortigen Universität als Student der Medizin ein. Die Atmosphäre der hessischen Kleinstadt ödet ihn an. Er gilt als Einzelgänger und als hochmütig, obwohl er erklärt: »Ich verachte niemanden.«

Im März 1834 beteiligt er sich an der Gründung einer illegalen Organisation, der »Gesellschaft der Menschenrechte«

(Gießener Sektion), deren Ziel es ist, die reaktionären Gesellschaftsverhältnisse im Großherzogtum Hessen gewaltsam zu ändern. Zusammen mit dem Theologen und Lehrer Friedrich Ludwig Weidig, der Rektor in Butzbach ist, verfasst er die revolutionäre Kampfschrift *Der Hessische Landbote*. Die Schrift wird in Offenbach gedruckt und ist im Juli fertig. Im August wird Karl von Minnigerode mit 158 Exemplaren des *Landboten* in Gießen verhaftet. Es gibt unter den Mitgliedern der geheimen Gesellschaft zwei Verräter.

Während der Semesterferien hält sich Georg Büchner in Darmstadt bei seinen Eltern auf. Er schreibt an seinem Drama *Dantons Tod*. Im Januar 1835 wird er mehrmals von Untersuchungsrichtern in Offenbach und Friedberg verhört. Am 9. März flieht er von Darmstadt nach Straßburg. Am 13. Juni 1835 wird in Hessen ein Steckbrief gegen ihn erlassen. In den Gefängnissen des Großherzogtums foltert man seine Kameraden. Weidig begeht schließlich Selbstmord.

In Straßburg schließt Büchner sein medizinisches Studium ab. Er hält ein weiteres politisches Engagement angesichts der Situation in dem in zahllose Kleinstaaten zerfallenen Deutschland für wenig sinnvoll. Er beschäftigt sich wissenschaftlich, arbeitet an Untersuchungen über das Nervensystem der Fische und hält im November 1836 in Zürich eine Probevorlesung *Über die Schädelnerven* (der Barben).

Am 2. Februar 1837 erkrankt er schwer, wahrscheinlich an Typhus. »Nach einer unruhigen Nacht mit Angst vor Gefangenschaft« stirbt er am 19. Februar 1837 in Zürich. Dort

wird er zwei Tage später auf dem Friedhof Krautgarten beigesetzt.
Büchner wird erst lange nach seinem Tod als bedeutender Schriftsteller erkannt. Seine Theaterstücke werden erst Jahrzehnte später uraufgeführt. Das Lustspiel *Leonce und Lena* kommt 1895 das erste Mal auf die Bühne. *Dantons Tod* wird 1902 an der Freien Volksbühne Berlin uraufgeführt. Den *Woyzeck* führt das Münchner Residenztheater sogar erst 1913 das erste Mal auf.

Lesevorschlag:

Sehr lesenswert sind Georg Büchners Theaterstücke *Leonce und Lena, Dantons Tod* und *Woyzeck*. Außerdem sollte man sie sich, wenn möglich, auf der Bühne anschauen.
Zu empfehlen ist auch der kurze Prosatext *Lenz*, die Geschichte des jungen Dichters Jakob Michael Reinhold Lenz, dem die Lebensfreude durch Schuldgefühle vergällt wurde.

Besichtigungstipps:

Ein Besuch des Büchner-Hauses und des Büchner-Museums in Goddelau bei Darmstadt lohnt sich.
In Offenbach bei Frankfurt am Main steht im Französischen Gässchen noch das Haus, in dem der *Hessische Landbote* gedruckt wurde.

In Zürich kann man das Grab Georg Büchners auf dem Friedhof Krautgarten besuchen; und in der Altstadt findet man in der Spiegelgasse an dem Haus, in dem Büchner gewohnt hat, eine Erinnerungstafel.

Über Adalbert Stifter
Ingrid Röbbelen

Fanny und Amalia

Spät am Abend zog es ihn in einen Ballsaal. Er trank Wein, sang, tanzte, aß mindestens sechs Forellen und war noch immer hungrig, rauchte Zigarren und gab Geld aus, das er sich nur geborgt hatte. Gewiss, er war durchaus in Geldnöten, aber in dieser Augustnacht überließ er sich nur dem Augenblick.

Amalia Mohaupt, die dunkelhaarige, schöne Putzmacherin, gefiel ihm von Polonaise zu Polonaise besser. Er genoss ihre unverhohlene Sinnlichkeit. Klug war sie wohl nicht, verstand auch nicht, was er ihr von Jean Paul oder den Naturgesetzen erzählte. Stattdessen schwärmte sie ihm vor, dass sie gern Kinder hätte, viele Kinder, und eine Wohnung mit Tüllgardinen, einem mächtigen Ohrensessel, einem Pianoforte und Häkeldeckchen überall.

Sie waren schon draußen auf der Straße, da fügte Adalbert noch hinzu: »Wir brauchen auch ein richtiges Cacteenpostament. Nachts können wir dann beobachten, wie die Blüten sich öffnen. Und natürlich darf ein Hund nicht fehlen. Putzi werden wir ihn nennen. Aber am wichtigsten sind doch unsere Kinder.«

Amalia sah ihn skeptisch an, malte aber den Wohnungstraum weiter aus. »Und recht ordentlich und sauber muss es immer

sein!«, sagte sie, während sie sich vertraulich bei ihm einhakte.
Sie genossen beide die gemeinsame Nacht. Ihre Leidenschaft wurde durch keine Erwartung, Verpflichtung oder Ängstlichkeit gestört. Als sie sich trennten, fragte Amalia allerdings vorsichtig: »Wir sehn uns doch wieder?« Adalbert antwortete nicht, umarmte sie nur.
Als Amalia gegangen war, schrieb er auf einen Zettel: »Wir alle haben tigerartige Anlagen ...« Erst stockte er, setzte aber dann doch noch hinzu: »... wie wir eine himmlische haben.«
Adalbert sah aus dem Fenster, betrachtete das Gewimmel und Geschiebe von Dächern, sah die Giebel und Schornsteine. Wien schien ihm in diesem Augenblick etwas Fremdes und Abenteuerliches zu haben. Als er wenig später auf die Straße ging, spürte er wieder einmal diese Öde, die ihn manchmal erfasste, wenn er andere Menschen auf der Gasse sah. Er fühlte sich fast gespenstisch einsam. Verwirrt dachte er an Amalias Körper, den er für eine Nacht rauschhaft besessen hatte. Ein Satz ging ihm durch den Kopf: »Man trägt hier wunderschöne Augen und von der Herzensliebenswürdigkeit der Wiener haben die Frauen einen mächtig großen Teil empfangen.« Der Satz gefiel ihm, nachher würde er ihn aufschreiben.
Adalbert wusste, dass Amalia arm war, dass sie Erfahrungen mit Männern hatte, dass sie deren Geschenke oder Geld brauchte, um leben zu können. Aber es war gut, dass es Frauen gab, die leidenschaftlich waren, die ihre Sinnlichkeit

nicht versteckten. Adalbert hatte aber auch der hübsche Traum von der Familie in der sauberen Wohnung gefallen. Das war alles so überschaubar. Amalia gegenüber musste er sich nicht beweisen. Es störte sie nicht, dass er noch in Geldnöten steckte.
Sicher dachte sie, der studierte Mann würde schon Wege finden, um sich ein bürgerliches Leben einzurichten. Und seine Liebhabereien sollte er ruhig weiter pflegen. Zum Beispiel malte er, aber so, dass man die Gegenstände deutlich erkennen konnte. Das gefiel ihr wahrscheinlich. Nur dass sein neuestes kleines Bild eine Burgruine zeigte, das hatte sie nicht verstanden. Es gab doch Hübscheres, das man abbilden konnte. Aber eigentlich war es in dieser ersten gemeinsamen Nacht nicht um Bilder gegangen, sondern vor allem um ihr Vergnügen aneinander.
Irritiert blieb Adalbert stehen. Er war am Stephansdom angekommen. Er betrachtete die Zickzacklinien des Kirchendaches, zeichnete sie innerlich nach und drehte sich dann abrupt weg. Er begriff nicht, dass er so lange über Amalia nachdachte. Sie war doch nur eine einfache Frau, eine käufliche dazu. Ärgerlich über sich selbst, ging er weiter. Sicher, sie war eine angenehme Affäre. Es war eine schöne, aber doch wohl eher unbedeutende Nacht gewesen.
Schließlich liebte er Fanny, die in Friedberg war, keine zehn Meilen von Wien entfernt. Fanny Greipl war sein heiliger Engel. Ihr galt seine Sehnsucht. Sie war sein Traum. Er musste sich um eine einträgliche Stelle bemühen, damit er sie end-

lich heiraten konnte. Er musste Fanny und ihre Eltern davon überzeugen, dass er zuverlässig war. In der Schule war er in allen Klassen immer der Primus gewesen. Alles war ihm leicht gefallen. Er hatte mit Ausdauer und Leidenschaft gearbeitet.

Dass Fannys Eltern ihm gegenüber trotzdem misstrauisch waren, konnte er nachvollziehen. Er hatte den Termin für eine wichtige juristische Prüfung völlig vergessen, war einfach nicht erschienen. Damit war ihm eine einträgliche juristische Laufbahn versperrt. Eine Katastrophe.

Aber er war merkwürdig erleichtert gewesen, dass sein Studium nun zu Ende war, auch wenn die Umstände natürlich unangenehm gewesen waren. Jetzt konnte er malen, sein Talent schulen, Künstler sein. Er konnte sich seine Sorgen und Ängste von der Seele schreiben und so Erleichterung erfahren.

Adalbert dachte an all die Sommermonate, in denen er und seine Freunde die Gastlichkeit des Greiplhauses in Friedberg erfahren hatten. Er hatte sich mit Mathias Greipl angefreundet. An ihren Wanderungen durch die Wälder oder an der Moldau entlang hatten auch einige Mädchen teilgenommen. Einmal war auch Fanny, die Schwester von Mathias, dabei gewesen. Adalbert und Fanny verstanden sich gut. Sie liebten beide die Natur, bestaunten die Schönheit der Steine, des Wassers, der Bäume. Beide fürchteten die heftigen Gewitter, die so willkürlich Häuser zerstörten und Menschen töteten. Ängstlich hatte Adalbert die Freundschaft mit Fanny gehütet. Dann war aus der Freundschaft doch Liebe geworden. Er verlangte von sich, dass es eine Liebe ohne Leidenschaft sein sollte. Ihre Liebe sollte heilig und rein sein.

Vom Stephansdom aus war Adalbert geradewegs zurück nach Hause gegangen. Voller Unruhe betrat er sein Zimmer, blickte auf die billige Einrichtung, die er auf dem Wiener Tandelmarkt erworben hatte, sah das Kartenspiel, mit dem er sich mit seinen Freunden manche Nacht vertrieben hatte, sah die spärlichen Gegenstände in seinem Zimmer, ohne sie wirklich wahrzunehmen. Ihm war, als liege von vorhin noch dunkler Zigarrenrauch in der Luft.

Er öffnete das Fenster und setzte sich vor das kleine Ölbild, das die Burgruine Wittinghausen zeigte, drehte dabei dem Fenster den Rücken zu und betrachtete die verfallenden Quader. Die Düsternis der Steine machte ihn melancholisch. Er spürte die Tränen nicht, die aufstiegen.

Hilfe suchend wandte er sich wieder einmal einem inneren Bild zu, das ihn in Traurigkeiten so oft schon getröstet hatte. Er sah sich und Fanny im Sommer durch den Hochwald wandern, plaudernd, schweigend, sich neckend und auf die Natur schauend. Er hatte diese helle Erinnerung aufgeschrieben. In dunklen Momenten las er sie sich laut vor und verspürte dabei Trost: »Die Waldblumen horchten empor, das Eichhörnchen hielt auf seinem Buchast inne, die Tagfalter schwebten seitwärts, als sie vordrangen, und die Zweiggewölbe warfen blitzende Karfunkel und fliegende Schatten auf die weißen Gewänder, wie wir vorüberkamen.«

Fanny und er hatten einen Lieblingsplatz, den sie gern besuchten. Sie stellten sich vor, dass sie die ersten Menschen waren, die ihn betreten hatten, dass er ihr heimlicher Ort, ihr Paradies war.

Hier hatten Fanny und Adalbert sich das erste Mal geküsst. Zart und staunend hatten sie sich einander genähert, sich umarmt. Adalbert war nur noch Glück. Aber zugleich stieg hinter der übergroßen Seligkeit, die ihn erfüllte, etwas wie ein langer, großer Schmerz auf.

Hand in Hand waren sie an diesem Abend in Fannys Elternhaus zurückgekehrt. Beide waren still gewesen. Wenn Adalbert Fanny anschaute, schien sie ihm zu leuchten, schien ihm wie von einem hellen Licht umgeben, das, so meinte er, alle anderen Menschen im Raum auch sehen mussten. Aber diese lachten und lärmten nur, spielten Karten, tranken Bier, sangen laut, machten derbe Scherze und gingen schließlich lärmend zu Bett.

In den Tagen nach dem ersten Kuss gab es in Friedberg nur blauen Himmel. Keine der sonst so häufigen Gewitterwolken zog auf. Adalbert war übermütig. Er wollte den Sonnenschein auf seinen Hut stecken und die Abendröte umarmen. Er liebte Fanny. Fanny liebte ihn. Er wollte sie behüten, bestaunte ihre Reinheit und Unschuld. Wenn sie allein waren, berührte er seinen Engel nur zart, fürchtete, das Innerste dieses himmlischen Wesens zu verletzen.

Dennoch stieg Dunkelheit in ihm auf. Er verzagte. Wie konnte er hoffen, diesen Engel zu besitzen? Er war arm, hässlich, ungelenk, von Pockennarben entstellt. Er fühlte sich meistens wie ein wandernder Wollsack. Nur seine graublauen Augen bezauberten die Menschen. Manchmal bildete er sich aber auch ein, dass sie in ihm einen Unhold sahen.

Dabei liebte er die Menschen. Er träumte davon, dass es eine friedliche, vernunftgeleitete Welt gäbe. Er liebte besonders die unscheinbaren Menschen, die kleinen, am meisten natürlich die Kinder.

In Gedanken phantasierte er sich manchmal in eine menschliche Gesellschaft hinein, in der das Leben voll Gerechtigkeit und Einfachheit verlief. Dort bewunderte jeder das Schöne, jeder starb gelassen.

Nur Fanny erzählte er von diesem Traum, in dem nicht die kirchlichen Dogmen die Menschen einengen sollten, sondern jeder sollte Anhänger einer allgemeinen Vernunftreligion sein. Männer und Frauen wären gleichermaßen gebildet. In solch einer Welt wäre groß, was sonst als klein gilt: das Wehen der Luft, das Rieseln des Wassers, das Wachsen der Getreide, das Wogen des Meeres, das Grünen der Erde, das Glänzen des Himmels, das Schimmern der Gestirne – all dies wäre groß. Diese Erscheinungen wären nicht kleiner als das prächtig einherziehende Gewitter, der Blitz, welcher Häuser spaltet, der Sturm, der die Brandung vor sich her treibt, der Feuer speiende Berg oder das Erdbeben, welches Länder verschüttet.

Fanny hatte ihm immer schweigend und staunend zugehört, wenn er ihr seinen Traum erzählte. Sie hatte ihn dann stets so zart umarmt und so sanft sein Gesicht gestreichelt, dass ihm ganz wohl war.

In solchen Momenten war er glücklich und ausgelassen. Nachts allerdings lag er oft wach, quälte sich mit Lebensängsten, fühlte sich klein und unzulänglich und konnte doch nicht darauf verzichten, nach dem Unerreichbaren zu streben.

Am Morgen, wenn er aufwachte, zuerst an Fanny dachte, sein Glück bestaunte, tat ihm das Herz immer leise weh.

Jetzt, im Jahre 1832, kannte er Fanny schon fünf Jahre. Aus der Freundschaft war Liebe geworden. Er wusste, dass niemand Fanny je so gut kennen würde, wie er sie kannte, dass niemand sie jemals so lieben werde, wie er sie liebte. Bis an sein Lebensende würde er sie lieben: heftig, staunend und zart.

Schrecklich war es, wenn Fanny auch mit anderen Männern sprach, wenn er glaubte, dass sie auch anderen, wenn auch nur für Minuten, Platz in ihren Gedanken oder gar in ihrem Herzen gab. Adalbert quälte Fanny deshalb nicht selten mit misstrauischer Eifersucht. Er fürchtete in all seinem Glück auch stets, dass ihre Liebe wie ein Kartenhaus zusammenstürzen könne.

Adalbert kehrte aus seinen Erinnerungen zurück, erblickte auf seinem kleinen Ölbild die Burgruine Wittinghausen, nahm unwillig ein Tuch und verhängte das Gemälde.

Schluss jetzt mit der Glückserinnerung, Schluss auch mit den Vergänglichkeitsängsten. Er musste sich gleich, sofort, genau an diesem Tag um eine Stellung kümmern, damit er genügend Geld verdiente, um Fanny endlich heiraten zu können. Er konnte doch nicht riskieren, dass eines Tages ihr gemeinsamer Hausstand gepfändet würde, nur weil er nicht tatkräftig genug war, Geld heranzuschaffen.

Vielleicht könnte er eine Professur bekommen oder im Schulwesen arbeiten, Schulrat werden. Seine Hauslehrertätigkeit empfahl ihn als guten Pädagogen. Kenntnisse hatte er genügend erworben. Begabt war er auch. Das wusste er. Das wussten auch andere, die ihn kannten.

Auf die leidenschaftliche, sinnliche Amalia musste er deswegen ja nicht gleich verzichten.

Vielleicht konnte er auch sie lieben.

Aber anders als Fanny.

Die Liebe zu der schönen Amalia wäre dann körperlich, archaisch, rauschhaft.

Für Fanny aber würde er den Himmel auf Erden schaffen.

Adalbert Stifter
* 23.10.1805 in Oberplan (Böhmen), ✝ 28.1.1868 in Linz

Adalbert Stifter wird in Oberplan im südlichen Böhmen geboren. Der Vater, Johann Stifter, ist Leinweber und -händler. Das Elternhaus ist ein karges, schindelgedecktes Gebäude mit Brunnen und Hof. Die Stifters leben einfach, haben aber ihr Auskommen. Adalbert ist das älteste Kind. Da er kurz nach der Eheschließung der Eltern geboren wird, fälscht er später sein Geburtsdatum. Er macht sich ein Jahr jünger. So versucht er, die »Schande seiner Geburt« zu verbergen.

Der Vater verunglückt 1817 tödlich. Drei Jahre später, im Sommer 1820, heiratet die Mutter ein zweites Mal. Im Dezember wird Jakob Mayer, der Stiefbruder Adalberts, geboren. Adalbert ist zutiefst empört und verletzt. Ein Leben lang wird er mit dem Stiefvater nicht sprechen.

Als Schüler ist Stifter ein Musterknabe. Von 1818 bis 1826 besucht er das oberösterreichische Benediktinerstift Kremsmünster. Während dieser Zeit dichtet er, erhält auch Mal- und Zeichenunterricht. Von 1826 bis 1830 studiert er in Wien Jura, beschäftigt sich aber auch mit Naturwissenschaft, Geschichte und Staatswissenschaft. Geld verdient er als Hauslehrer und erhält so Zugang zur Wiener Gesellschaft, auch zu adligen Familien.

Während dieser Zeit verliebt er sich in Fanny Greipl, zögert die Heirat aber hinaus, weil er erst die finanziellen Voraussetzungen für eine Ehe schaffen will.

Von 1832 bis 1833 lebt er seine sexuellen Bedürfnisse mit Amalia Mohaupt aus und macht Amalia schließlich einen Heiratsantrag, als er gerüchteweise erfährt, Fanny Greipl wolle heiraten. Als sich dies als eine Falschinformation herausstellt, gesteht er Fanny in seinem berühmten »Bekenntnisbrief«, er habe Amalia den Heiratsantrag nur aus Eifersucht heraus gemacht, liebe aber in Wahrheit nur sie, Fanny. Fanny antwortet nicht. So heiratet Stifter Amalia Mohaupt. Fanny Greipl heiratet den Kameralsekretär Fleichanderl und stirbt 1839 bei der Geburt ihres ersten Kindes. In vielen Texten Adalbert Stifters erscheint Fanny immer wieder als engelsgleiche Frau. Auch noch in dem späten Roman *Der Nachsommer* kehrt sie wieder.

Seine Ehe mit Amalia Mohaupt stilisiert Stifter ebenfalls. Wenn er verreist ist, schreibt er seiner Frau bis zu seinem Lebensende innige Liebesbriefe, die sie eigentlich gar nicht versteht und mit handfesten, aufs Pragmatische gerichteten Briefen beantwortet. Sie hält den Haushalt vorbildlich in Ordnung, kocht gut, erträgt auch die wiederholten Pfändungen. Stets leben sie über ihre Verhältnisse, auch dann, als die finanzielle Basis gesichert ist. Es herrscht immer Geldnot. Sie essen unmäßig. Beide leiden an Übergewicht. Äußerlich ist Stifter ein rechter Spießbürger.

Stifter versteht sich zunächst vor allem als Maler, hofft, hier

Großes zu vollbringen. Aber mit seinen literarischen Veröffentlichungen hat er mehr Erfolg, kann auch schließlich damit Geld verdienen. Sein Verleger Heckenast erkennt bald, dass er mit Stifter einen großen Dichter in seinem Programm hat. Er berät ihn, fördert ihn, versorgt ihn mit Vorschüssen. Es entwickelt sich schließlich sogar eine Freundschaft zwischen den beiden. Die ersten Erzählungen, wie etwa *Der Kondor*, *Das Heidedorf* oder *Die Feldblumen*, erscheinen 1840 und 1841 und werden sofort beachtet.

Stifter verdient lange Zeit auch Geld als Hauslehrer. Von 1843 bis 1846 zum Beispiel unterrichtet er den ältesten Sohn des Staatskanzlers Fürst Metternich in Mathematik und Physik. 1847 wirkt er an freiheitlichen Reformbestrebungen mit, begrüßt 1848 die Wiener Revolution, fühlt sich beim Sturz des metternichschen Regimes durchaus selbst als »Befreiter«, beteiligt sich auch an den Beratungen für die Wahlen ins Frankfurter Parlament. Entsetzt beobachtet er dann bald, »daß so viele, welche die Freiheit begehrt haben, nun selber von Despotengelüsten heimgesucht werden«.

Am 6. Mai 1849 zieht Stifter von Wien nach Linz, wo er zum provisorischen k. u. k. Schulrat ernannt wird, 1855 erhält er eine endgültige Anstellung. 1853 erscheint eine Sammlung von Erzählungen, die er *Bunte Steine* nennt. 1857 folgt sein Bildungsroman *Der Nachsommer,* in dem er das reine Kunstwerk preist: »Der Künstler macht sein Werk, wie die Blume blüht, sie blüht, wenn sie auch in der Wüste ist und nie ein Auge auf sie fällt. Der wahre Künstler stellt sich die Frage gar nicht, ob sein Werk verstanden wird oder nicht.«

1854 hat ein Nervenleiden eingesetzt. Stifters Lebensgewohnheiten – unmäßiges Essen, Trinken, wenig Bewegung – führen zu einer Lebererkrankung. Die folgenden Jahre sind von zunehmender Hypochondrie bestimmt. Stifter wird aus Krankheitsgründen aus dem Amt entlassen, erhält aber eine gute Pension. Er wird geehrt, schreibt weiter, fährt von Kur zu Kur. Aber er scheint sein Leben nicht mehr ertragen zu können. Am 26. Januar 1868 bringt er sich, vielleicht in einem dunklen, wahnhaften Augenblick, mit dem Rasiermesser eine Schnittwunde am Hals bei. Zwei Tage später, am 28. Januar 1868, stirbt er, ohne das Bewusstsein wiedererlangt zu haben, in Linz.

 Lesevorschlag:

Stifters Erzählungen sind oft dramatisch und reizintensiv. Immer sind sie durchzogen von Naturschilderungen. Fast alle Erzählungen in *Bunte Steine* entwerfen große Bilder von der Natur und menschlichen Schicksalen. Berühmt ist die Erzählung *Bergkristall*. Gut lesen sich auch *Katzensilber* und *Kalkstein*. Eindrucksvoll ist der kurze Text *Die Sonnenfinsternis am 8. Juli 1842*. Wer die Langsamkeit liebt und einen langen Leseatem hat, sollte in den Bildungsroman *Der Nachsommer* hineinlesen.

👁 **Besichtigungstipps:**

In Wien kann man zwei der vielen Wohnadressen Stifters, Beatrixgasse 48 und 18, besuchen. Dort hängen auch Zeichnungen und Gemälde des Dichters. Das heutige Adalbert-Stifter-Institut findet man in Linz, im Hartlschen Haus 1313, das an der Unteren Donaulände liegt.

Über Gottfried Keller
Frederik Hetmann

Ein Schüler wird »geköpft«

Protokoll
über die Sitzung der aus Vertretern der Kantonsbehörde Zürich
und aus der Lehrerschaft der hiesigen Industrieschule
im Juli 1834 gebildeten Kommission zur Untersuchung
jener in der letzten Woche stattgehabten Krawalle

Es ergeht als Beschluss: Der Schüler Gottfried Keller ist eindeutig als Anstifter und Rädelsführer jener unerlaubten und allen guten Sitten Hohn sprechenden Krawalle der Schülerschaft, die sich die Demütigung des Lehrers Caspar Benzli zum Ziel gesetzt hatten, überführt worden. Angesichts der Dreistigkeit seines Vorgehens in besagter Angelegenheit, das dazu angetan war, in der Stadt Unruhe und Unordnung hervorzurufen, erkennen wir bei dem Schüler auf ein völliges Fehlen an sittlicher Reife und auf eine eindeutige Neigung zu kriminellem Verhalten und verfügen den Verweis von unserer Anstalt.
Das Verhör der an dem Skandal beteiligten Schüler erbrachte folgende Erkenntnisse:
Besagter Lehrer Caspar Benzli, der in jener Klasse der Industrieschule ob des allseitigen Lehrermangels als Hilfskraft

eingesetzt worden ist, erfreute sich von Anfang an bei seinen Schülern keiner allzu großen Beliebtheit. Bei unserer Untersuchung stellte sich unter anderem heraus, dass sein ordentlicher Name Benzli allgemein im Munde der Schüler in Bünzli [Spießer] abgewandelt wurde.

Eine gewisse Rolle mag dabei gespielt haben, dass gleich zu Beginn des Schuljahres das Gerücht verbreitet wurde, Benzli habe geschworen, die Aristokratenkinder der Stadtjugend mit eiserner Rute zu bändigen. Benzli bestreitet, je derlei gesagt oder auch nur angedeutet zu haben. Man kann davon ausgehen, dass die Behauptung einer solchen Äußerung letztlich von den Eltern einiger Schüler ausging, die an den radikalen politischen Ansichten Herrn Benzlis Anstoß nahmen und es dahin bringen wollten, dass ihre Kinder dem Einfluss eines solchen Mannes möglichst bald wieder entzogen würden.

Von Anfang an, so Benzli, habe die Klasse ihn abgelehnt, allerlei Unfug getrieben und sich geweigert, die ihr gestellten Aufgaben auszuführen. Ohne dass der einzelne Übeltäter namhaft zu machen gewesen wäre, sei über ihn geschnödet [abfällig geredet] worden.

Die Dinge spitzten sich dann immer mehr zu, bis Herr Benzli sich schließlich nicht mehr anders zu helfen wusste, als jeden Schüler vor die Tür zu stellen, der auch nur den geringsten Schabernack verübte. Es wurde durch mehrere Schüler bestätigt, dass selbst eine unschuldig gestellte Frage an ihn, das absichtliche oder unabsichtliche Fallenlassen eines Gegenstandes hingereicht habe, um aus der Klasse gewiesen zu werden.

Schließlich, so Benzli, sei es dahin gekommen, dass er vor drei oder vier ewig Braven Unterricht gehalten habe, während der Rest der Schüler sich vor der Tür auf seine Kosten belustigte und allerlei Allotria trieb.

Im Laufe des Schuljahres habe sich der Konflikt immer weiter verschärft. Es sei erwiesen, dass die Schüler daheim vor ihren Eltern mit ihrem aufsässigen Verhalten geprahlt hätten. Diese seien dann zwar nicht so weit gegangen, derlei Schandtaten ihrer Kinder gutzuheißen, doch hätten sie sich wohl an die Streiche erinnert, die sie selbst ihren Lehrern in ihrer Schulzeit zu spielen pflegten.

Mehr noch mag zu einer augenzwinkernd erteilten Ermunterung ihrer Kinder beigetragen haben, dass Benzli, was seine politischen Ansichten anging, im Ruf stand, ein Radikaler zu sein, deren neuerlich zunehmender Einfluss im Geschehen der Stadt den meisten Eltern widerstrebt. Freilich sind die Vorgänge auch dem Direktor der Schule und den Vertretern der Schulpflege, ja endlich sogar dem zuständigen Beamten des Erziehungsdepartments zur Kenntnis gebracht worden.

Dann erkrankte Herr Benzli, wohl nicht zuletzt aufgrund der starken nervlichen Belastung. Man überlegte, ob man auf seine weitere Mitarbeit nicht besser verzichten solle, bekam aber von ihm zu hören, er sei auf diese Einkünfte auf Leben und Tod angewiesen, weil er eine zahlreiche Familie habe, die nach Brot schreie.

Ehe Benzli darauf den Unterricht wieder aufnahm, begab sich der Direktor der Anstalt in die Klasse und redete den Schülern ins Gewissen, eine Maßnahme, die sich als völlig nutzlos erwies, denn kaum betrat Herr Benzli selbst wieder das Klassenzimmer, versöhnlich und bescheiden, wie er selbst seine Haltung beschrieb, da brach bei den Schülern wilder Jubel los, den man keineswegs als Zustimmung werten darf, sondern der Ausdruck von Genugtuung darüber war, dass ihnen die Zielscheibe für Hohn und Rüpelhaftigkeit derart wiedergegeben wurde.

Nun zu den Aussagen des Schülers Gottfried Keller, der von der Kommission zu seiner Rolle bei den Vorgängen sehr ausführlich befragt worden ist.

Er behauptet, zunächst nur deshalb sich an den Streichen beteiligt zu haben, die jeweils zu einem Hinauswurf führten, »weil er um keinen Preis bei den wenigen verpönten Gerechten bleiben wollte, die im Klassenzimmer saßen«. Schon damit zeigt sich ein gehöriges Maß an Unreife, Haltlosigkeit und fortgeschrittener Verdorbenheit, wie sie auch die weitere Handlungsweise des Schülers Keller in der bewussten Angelegenheit bestätigt.

Er will, so behauptete er vor der Kommission, für Benzli sogar heimliches Mitleid empfunden haben, worin man aber eine Schutzbehauptung, um nicht zu sagen eine plumpe Lüge, sehen muss.

Einmal sei er Benzli auf einem Spaziergang begegnet; dieser habe mit seinem Blick auf ihn so gewirkt, als flehe er um

Barmherzigkeit, worauf er, Keller, artig die Mütze gezogen und ihm einen Gruß entboten habe. Ein freudiges Glänzen sei daraufhin in Benzlis Blick aufgekommen, und Keller habe sich vorgenommen, man müsse in Zukunft mit dem Lehrer unbedingt artiger umgehen.

Diesen Behauptungen stehen die Aussagen einiger Mitschüler Kellers krass entgegen. Eine Gruppe von drei oder vier derselben hatten sich zusammengefunden, um das weitere Vorgehen, das Abstrafen von Benzli, wie sie es nannten, zu besprechen. Dabei habe Keller ganz und gar nicht zur Mäßigung oder Schonung des Lehrers gemahnt, sondern vielmehr zum Besten gegeben, wie dieser am Tag zuvor wie ein gepeitschter Hund auf dem Feldweg an ihm vorbeigeschlichen sei, zu zittern begonnen und um Gnade gewimmert habe, als er, Keller, freilich nur zum Schein, Anstalten gemacht habe, ihn tätlich anzugreifen.

Sodann kam die Kommission bei ihrer Befragung des Keller auf jene Vorgänge zu sprechen, die sich an besagtem Donnerstagnachmittag während des Unterrichts und danach zutrugen.

Benzli hatte eine Überprüfung in Physik schreiben lassen und dabei Fragen gestellt, die, wie die Schüler behaupten, deswegen von ihnen unmöglich beantwortet werden konnten, weil derlei Stoff nie im Unterricht dargestellt worden sei. So sei beispielsweise nach dem Durchmesser des Planeten Venus, dessen Achsenneigung und dessen Entfernung zur Sonne gefragt worden. Schon nach Diktieren der Fragen

sei es zu einem Proteststurm gekommen, der sich nach Einsammeln der Blätter in dem allgemeinen Ruf fortgesetzt habe: »Bünzli auf die Venus!«
Der Lehrer habe daraufhin seine Mappe samt den Blättern zusammengerafft und sei eiligst verschwunden.
Da es die letzte Stunde war, hätten sich auch die Schüler angeschickt heimzugehen. Es habe sich vor der Schule eine Art quirliger Haufe gebildet, in dem jedermann zwar bereit gewesen sei, es dem Benzli heimzuzahlen, aber keiner habe zu sagen gewusst, wie.
Etliche Bürger seien unter ihre Türen getreten und hätten miteinander getuschelt: »Was mögen die nur vorhaben? Die sind, bei Gott, so munter, als wir es einst gewesen sind.«
Auch aus anderen Klassen seien Schüler hinzugekommen und es sei ein Stimmengewirr aufgekommen, das man bis zur Gemüsebrücke hin gehört habe.
Was den Schüler Keller angeht, so behauptet er, zuerst abseits gestanden zu haben und im Zweifel gewesen zu sein, ob er da mittun solle, was nun wiederum in krassem Widerspruch zu seinem späteren Verhalten steht. Er sei schließlich nur zu dem Haufen der Aufgebrachten und Krakeelenden hingegangen, um herauszufinden, was sie denn nun zu tun vorhätten. Er sei mit dem Ruf begrüßt worden: »Ah, da kommt der Grüne Heinrich, der wird Rat wissen, was nun geschehen soll.« Grüner Heinrich sei wegen seiner Vorliebe für grüne Kleidungsstücke Kellers Spitzname gewesen. Schon dieser Ausruf, so betonte ein Mitglied der Kommissi-

on in der Beratung, ein Ausruf, der im Übrigen von Keller selbst rapportiert worden ist, weise darauf hin, dass dieser von Anfang an die Rolle eines Rädelsführers übernommen habe.

Was der Schüler Gottfried Keller nun aussagte, verdient über den Zwischenfall hinaus Beachtung, beweist es doch, wie gefährlich sich der Geist der Sansculotten [Anhänger der Französischen Revolution] in den Hirnen unserer Jugend bereits eingenistet hat. Keller erklärte uns nämlich, in eben dem Augenblick sei ihm eine in einem Buch gelesene Szene von Volksbewegung und Revolution in den Sinn gekommen. Es habe ihn eine Art Begeisterung überkommen, die mehr mit der Hoffnung auf eine baldige Veränderung der politischen Verhältnisse in unserem Kanton als mit Benzli zu tun gehabt habe. Keller habe darauf zu dem unordentlichen und krakeelenden Haufen seiner Mitschüler gesagt: »Wir müssen uns unbedingt jetzt in gleichmäßigen Abteilungen aufstellen und ein Vaterlandslied anstimmen.« Genau dies sei auf der Stelle geschehen und die Schülerabteilung habe sich unter lautem Gesang in Bewegung gesetzt. Wie er da mit den anderen durch mehrere Straßenzüge gezogen sei, habe er über die Frage nachgesonnen: »Was wollen wir nun eigentlich beginnen, wenn wir Benzlis Haus erreichen?«, wohin der Umzug sich nämlich offensichtlich bewegte. Vorgestellt habe er sich, dort ein Lied abzusingen und mit einem Hurra auseinander zu gehen.

Vor dem Haus angekommen, hätten aber einige sogleich

wieder gerufen: »Bünzli auf die Venus!« Andere riefen: »Holen wir uns doch die Blätter mit unserer Überprüfung zurück!« Und wieder andere: »Ins Haus, ins Haus! Wir wollen ihm eine Dankesrede für sein Tun abstatten!« Worauf die Mehrzahl sich tatsächlich in den engen Hausflur hineingedrängt habe und die Stiegen hinaufgestürmt sei. Oben, im ersten Stock, an der Wohnungstür der Familie Benzli, habe man verharrt. Es sei mucksmäuschenstill geworden. Er, Keller, habe unten gestanden und gehorcht, unschlüssig, was er unternehmen solle, doch wolle er nicht leugnen, dass er dem Benzli jetzt den ganzen Aufruhr vergönnt habe, denn die Fragen der Überprüfung seien wirklich unglaublich schikanös gewesen.

Endlich sei oben nicht Benzli, sondern dessen Eheweib mit den Blättern in der Hand vor die Tür getreten. »Hier habt ihr, was ihr verlangt!«, habe sie gerufen und dem, der am nächsten stand, die Blätter hingereicht. Der betreffende Schüler habe Zündhölzer aus der Tasche gezogen und das Papier sogleich angezündet. Jedenfalls seien im Nu die Überprüfungen als brennende oder halb verkohlte Blätter durch das Stiegenhaus gewirbelt.

Unterdessen hätten wohl Nachbarn, erschreckt über das Lärmen, die Polizei verständigt und es seien bald drei Sergeanten mit gezogenen Säbeln erschienen. Die meisten übrigen Schüler seien über den Hof entwischt. Nur zwei von denen, die oben krakeelt hätten, und Keller, der immer noch an der Haustür gestanden sei, habe man festgenommen und auf die

Wache gebracht, wo sogleich ein Protokoll ausgefertigt worden sei.

Die beiden anderen arretierten Schüler haben unabhängig voneinander Keller als den Anstifter des Skandals bezeichnet.

Nach dem Verhör des Schülers Gottfried Keller durch die Kommission, dem die Vernehmung von fünf weiteren der Beteiligten vorausgegangen war, erörterte man die Ereignisse ohne die Missetäter. Dabei wurde man sich der Schwere der verübten Frevel bewusst. Man sah die Tatbestände des Aufruhrs, der Tätlichkeit gegen einen unbescholtenen Bürger, der Nötigung, ja, der versuchten Brandstiftung als gegeben an. Man war sich bald einig, dass, angesichts solchen Skandals, ein Exempel statuiert werden müsse. In einer Zeit wie der unsrigen muss gegen Tätlichkeiten dieser Art mit aller Schärfe vorgegangen werden, will man verhindern, dass der Cholerabazillus der Revolution sich auch in unserer schönen Stadt ausbreitet.

Da es keinen Zweifel darüber gibt, dass der Keller der Rädelsführer des schändlichen Unternehmens gewesen ist, und da er in seinen eigenen Aussagen bekannte, dass besagter Bazillus schon in seinem Hirn tätig geworden ist, wurde für seine Person der Verweis von der Anstalt einstimmig beschlossen. Bei allen übrigen Beteiligten, sofern ihre Namen in den Aussagen vor der Polizei und der Kommission zutage gekommen sind, wurden Karzerstrafen verhängt, die sie in der Schule verbüßen sollen.

Jahre später, in seinem Roman *Der Grüne Heinrich*, wird Gottfried Keller feststellen:

Wenn über die Rechtmäßigkeit der Todesstrafe ein tiefer und anhaltender Streit obwaltet, so kann man füglich die Frage, ob der Staat das Recht hat, ein Kind oder einen jungen Menschen, die gerade nicht tobsüchtig sind, von seinem Erziehungssystem auszuschließen, zugleich mit in Kauf nehmen. Gemäß jenem Vorgange wird man mir, wenn ich im späteren Leben in eine ähnliche ernstere Verwicklung gerate, bei gleichen Verhältnissen und Richtern wahrscheinlich den Kopf abschneiden; denn ein Kind von der allgemeinen Erziehung ausschließen heißt nichts anderes als seine innere Entwicklung, sein geistiges Leben köpfen.

Gottfried Keller
* 19.7.1819 in Zürich, ✝ 15.7.1890 in Zürich

Gottfried Keller wird am 19. Juli 1819 als Sohn des Drechslermeisters Hans Rudolf Keller und der Arzttochter Elisabeth Scheuchzer in Zürich geboren. Der Vater stirbt, als Keller gerade drei Jahre alt ist. Keller muss zunächst die Armenschule besuchen. Ab 1833 geht er auf die Industrieschule, die er wegen eines Streiches nach etwa einem Jahr wieder verlassen muss. Er wird Lehrling bei einem Maler und Lithographen und geht anschließend zur Ausbildung als Landschaftsmaler nach München.

Nach wenig erfolgreichen Malversuchen bricht Gottfried Keller die Ausbildung ab und wendet sich 1843 der Literatur zu. Er schreibt zunächst Gedichte, von denen einige im *Deutschen Taschenbuch* abgedruckt werden. 1847 wird seine Erzählung *Die mißlungene Vergiftung* im *Bündner Kalender* veröffentlicht.

Keller erhält ein Auslandsstipendium der Zürcher Regierung und studiert zunächst in Heidelberg, dann in Berlin Geschichte, Philosophie und Literatur. In Berlin entsteht die Erstfassung seines autobiographischen Romans und Hauptwerkes *Der Grüne Heinrich*, die in Braunschweig veröffentlicht wird.

Gottfried Keller lernt im Laufe seines Lebens viele bedeutende Persönlichkeiten kennen. In Berlin verkehrt er im Salon von Fanny Lewald. In Zürich, wohin er 1855 zurückkehrt, beginnt eine lange Bekanntschaft mit dem damaligen Bestseller-Autor Paul Heyse. Später wird Keller einen Briefwechsel mit dem norddeutschen Schriftstellerkollegen Theodor Storm führen und zum Ende seines Lebens hin eine enge Freundschaft mit dem Schweizer Maler Arnold Böcklin schließen.

1856 erscheint der erste Teil der Novellensammlung *Die Leute von Seldwyla*. Sein weiterer Weg als Schriftsteller scheint damit vorgezeichnet, doch kann der mittlerweile berühmte Autor von seinen Veröffentlichungen nicht leben. 1861 wird Gottfried Keller zum ersten Staatsschreiber der Züricher Kantonsregierung gewählt und erhält eine Wohnung in der Staatskanzlei. Damit ist sein Lebensunterhalt gesichert.

Kellers fünfzigster Geburtstag wird 1869 festlich begangen. Die Philosophische Fakultät der Universität Zürich verleiht ihm die Ehrendoktorwürde.

1876 gibt Gottfried Keller das wichtige Amt des Staatsschreibers auf und widmet sich nun ganz seinen literarischen Arbeiten. Er schreibt eine neue Fassung des *Grünen Heinrich*, deren erste drei Bände 1879 bei Göschen erscheinen. Im Jahr darauf folgt der vierte Band.

1889 werden Gottfried Kellers *Gesammelte Werke* in zehn Bänden veröffentlicht. Keller entzieht sich den offiziellen

Feiern zu seinem siebzigsten Geburtstag durch einen Aufenthalt am Vierwaldstättersee.

Der Dichter ist durch verschiedene Krankheiten geschwächt. Von September bis November macht er eine Kur in Baden bei Zürich. Kurz nach Neujahr 1890 beginnt ein langes Krankenlager.

Am 15. Juli 1890 stirbt Gottfried Keller in Zürich.

Lesevorschlag:

Gottfried Keller ist ein Meister der Novellistik. Seine Novellen *Kleider machen Leute* und *Romeo und Julia auf dem Dorfe* aus der Sammlung *Die Leute von Seldwyla* können auch heute noch beeindrucken. Wer den politisch engagierten Gottfried Keller kennen lernen möchte, kann dann noch *Das Fähnlein der sieben Aufrechten* aus der Sammlung *Züricher Novellen* lesen.

Kellers berühmtestes Werk ist der Roman *Der Grüne Heinrich*. Es ist der wichtigste Entwicklungsroman des 19. Jahrhunderts nach Goethes *Wilhelm Meister*. Wem Kellers Novellen gefallen, dem ist auch dieser umfangreiche Roman sehr zu empfehlen.

Besichtigungstipps:

In Zürich ist in einer Gasse der Altstadt das Haus zu sehen, in dem Gottfried Keller seine früheste Kindheit verlebte (Am Neumarkt Nr. 27).

Später zog die Familie ein paar Häuser weiter und wohnte Am Rindermarkt Nr. 9. Direkt gegenüber liegt das Gasthaus »Oepfelchammer«, das einstige Stammlokal von Gottfried Keller.
Das Sterbehaus befindet sich Am Zeltweg Nr. 27.

Über Theodor Storm
Harald Tondern

Liebesweh

»Was brauchen Sie ... ?« Der Bäckermeister Andersen kniff die vom Schlafmangel geröteten Lider zusammen, während er mit bedächtigen Bewegungen den dunklen Brotteig abstreifte, der an seinen Händen haften geblieben war. Misstrauisch sah er seinen jungen Logiergast an, der unvermutet mit einem dicken Packen Briefe in der Hand in die überhitzte Backstube getreten war. »Einen Tannenbaum?«
»Pst! Nicht so laut!« Der Student warf einen schnellen Blick auf den blassen Lehrjungen, der einige Schritte entfernt auf einer grünen Metallwaage Mehl auswog und jetzt neugierig die Ohren spitzte. Es müsse bis auf weiteres ein Geheimnis bleiben. Und es dürfe natürlich nicht irgendeine Tanne sein. Sondern eine, mit der man Eindruck machen könne. Gut gewachsen müsse sie sein, mit weit ausladenden Zweigen und mindestens sieben Fuß hoch.
Andersen hatte schon vielen Studenten in seinem Haus in der Flämischen Straße Logis geboten. Mit einigen hatte er üble Erfahrungen gemacht. Zerhackte Visagen. Arrogant und von oben herab. Fast alle hatten gesoffen und sich in üblen Gemeinheiten gefallen. Einer, so erinnerte sich der Bäckermeister voller Grimm, hatte es im Vollrausch witzig gefunden, ihm spätnachts heimlich in den Brotteig zu pissen.

Der junge S. aber war anders. Wie der über seinen Weihnachtsbaum redete. Als ob schon Heiligabend war und er ihn im vollen Kerzenglanz vor sich sähe. Und wie seine Augen dabei leuchteten!
Mit reichlich goldenen Äpfeln und Eiern wolle er den Baum schmücken und mit Netzen, Zuckerzeug und vielen bunten Lichtern. Natürlich solle der Weihnachtsbaum auch eine politische Aussage haben. Ein klares Bekenntnis zu seiner Heimatstadt Husum müsse er zum Ausdruck bringen und selbstverständlich auch zu den Herzogtümern Schleswig und Holstein ...
Der Bäckermeister merkte, dass ihm der Kopf zu schwirren begann. Wie sollte das denn gehen? Gab es jetzt etwa schon Weihnachtsbäume, die reden konnten? »Fahren Sie denn über das Fest nicht nach Hause, zu den verehrten Eltern?«, fragte er schnell, um den Redefluss seines schon so weihnachtlich gestimmten Logiergastes zu bremsen.
Anfangs hatte er den jungen Jurastudenten aus der ein wenig heruntergekommenen Hafenstadt an der Nordsee unterschätzt. Ein Friese eben. Halsstarrig und immer gleich mit dem Kopf durch die Wand. Wie hieß doch noch ihr Wahlspruch? »Lever duad as slav« oder so ähnlich. Der Bäckermeister war nur ein einziges Mal an der Westküste gewesen, bei einem Müller in der Gegend von Bredstedt. Es war ungefähr um dieselbe Jahreszeit wie jetzt gewesen, Ende November. Mit Schaudern erinnerte er sich an das düstere, platte Marschland mit dem endlosen grauen und nieseligen Him-

mel darüber. Vielleicht brauchte man da solcherlei Phantasien.

Bäckermeister Andersen gönnte sich seit seiner kurzen Reise an die Westküste eine heimliche Geringschätzung gegenüber den unfreundlichen Nordsee-Provinzlern und die hatte er auch auf seinen Logiergast aus Husum übertragen. Schön, der junge S. hatte sich, wie man hörte, nach einem ersten Studienjahr in Kiel gleich nach Berlin gewagt. Aber lange hatte er es in der preußischen Hauptstadt offenbar nicht ausgehalten und war reumütig nach Kiel zurückgekehrt. Hier hatte er wenigstens seine Freunde aus Husum.

Wie auf ein Stichwort hin hielt S. ihm den Packen Briefe unter die Nase. »Besorgen Sie die für mich? Sie sind alle nach Husum bestimmt, bis auf den obersten. Der geht nach Altona.« Er hielt dem Bäcker eine Münze hin. »Hier haben Sie das Porto.«

Der Bäckermeister versprach, sich nicht nur um die Briefe zu kümmern, sondern sich auch nach einem gut gewachsenen Tannenbaum umzuhören. Wenn er es geschickt anstellte, war da sicher ein hübscher Nebenverdienst für ihn drin.

Dann geleitete er S. zur Stiegentür und trat in die kleine Vorratskammer. Der Lehrjunge musste ja nicht unbedingt sehen, wie er im spärlichen Licht der vergitterten Luke die Briefe inspizierte. Die sechs nach Husum hatte S., wenn ihn nicht alles täuschte, an die Eltern von Kieler Studienfreunden gerichtet. Auf den siebten und dicksten von allen hatte S. in seiner dünnen, sich ungeduldig nach rechts neigenden Schrift eine Adresse in Altona gesetzt: Ihr Wohlgeboren Fräulein Bertha von Buchan, Dienerreihe. Ob sie das war? Andersen hatte Gerüchte über ein Mädchen in Altona gehört, aber Genaues wusste er leider nicht.

S. setzte sich in diesem Moment gerade in seinem geräumigen Zimmer über der Backstube an den Schreibtisch, zog die lange Liste heran, die dort wartete, und hakte mit einem gewissen pedantischen Behagen die ersten acht Positionen ab. Der Baum war bestellt, die sechs Briefe an die Eltern der Husumer Freunde waren geschrieben und auch der an Bertha.

Diesen Brief hatte S. sich bis ganz zuletzt aufgehoben. Denn tief in seinem Inneren hatte er immer noch die unsinnige Hoffnung gehegt, dass er den Heiligen Abend mit Bertha verbringen würde. Er wünschte sich noch einmal einen so stimmungsvollen Abend, wie er ihn damals vor vier Jahren im Hause von Verwandten seiner Mutter erlebt hatte. Er war von Lübeck aus, wo er für eineinhalb Jahre das Katharineum besuchte, nach Hamburg gefahren. Die Reise nach Husum war zu weit, deshalb sollte er das Weihnachtsfest bei einer Cousine seiner Mutter verbringen, die mit dem Hamburger Kaufmann Jonas Heinrich Scherff verheiratet war.

S. kannte die Scherffs kaum. Anfangs hatte er das lähmende Gefühl gehabt, sich ihnen aufzudrängen. Dass er sich dann doch noch von seiner Scheu befreien konnte, lag an einem Mädchen mit großen, freundlichen Augen und langen, braunen Locken, das zusammen mit seiner Pflegemutter Therese

Rowohl am Heiligen Abend bei den Scherffs eingeladen war und ihm mit neugierigem Lächeln die kleine Hand hinstreckte.

Theodor hatte sich vom ersten Moment an zu der Zehnjährigen hingezogen gefühlt. Ihm war, als habe er sie schon immer gekannt. Das kam so plötzlich und so selbstverständlich, dass Theodor unwillkürlich an seine jüngere Schwester Lucie denken musste. Lucie war mit sieben Jahren gestorben. Er selbst war damals zwölf gewesen und er hatte sehr an ihr gehangen.

Bertha ließ in ihm ein Gefühl aufkommen, nach dem er sich immer gesehnt hatte: Wenn sie ihn mit ihren großen, dunklen Augen so ernsthaft und freundlich zugleich ansah, fühlte er sich angenommen von ihr, wie von keinem Menschen zuvor, auch nicht von seiner Mutter und seinem Vater.

Der neunzehnjährige Primaner Theodor S. verliebte sich schon an diesem ersten Abend in die zehnjährige Bertha. Er hatte in diesem frommen Kind ein Wesen gefunden, das ihm keine Angst machte und dem er sich ohne Scheu offenbaren konnte. Gleich am nächsten Morgen hatte er sich hingesetzt und die ersten Gedichte für Bertha geschrieben, darunter eines, dem er die Überschrift *Liebesweh* gab und das so beginnt:

Der Sturm erbraust, die Wolken ziehn
Vom Norden her;
Und bringen von dem Liebchen mein

Mir lang ersehnte Mär.

Weiter unten folgen die Zeilen:

*Wie lieb ich, schöne Sonne Dich
Du helles Himmelslicht,
Dein frommer Strahl belebt mein Herz,
Wenn es vor Schmerze bricht.*

*Die Liebe gleicht Dir ganz genau,
Sie ist so schön wie Du;
Doch ihrer Augen Himmelslicht
Läßt nimmer mir die Ruh.*

Während der junge S. dies schrieb, mochte er wohl auch an seine Heimatstadt Husum gedacht haben, jene kleine Hafenstadt in der flachen Marschenlandschaft am Meer, die er als grau erlebt hatte und die ihn dennoch nicht losließ bis ins hohe Alter. Nicht nur die Stadt, auch die Menschen dort oben mochte er als ein wenig grau erlebt haben. Der Kampf gegen den fast nie aufhörenden Wind und die unbändige Gewalt der Nordsee und das Ringen um die tägliche Nahrung hatten sie stumpf gemacht gegen jene anderen Genüsse des Lebens, denen die ganze Sehnsucht des Primaners gehörte.
Vielleicht hat er bei der Zeile »Dein frommer Strahl belebt mein Herz« empfunden, wie sehr er unter dem weiten Hori-

zont der Marschen den Glauben vermisste, den Glauben an Gott, den Glauben an etwas Unfassbares, den Glauben an den Menschen. In seinem Elternhaus wurde nicht gebetet. Seine Mutter und auch sein Vater gingen fast nie in die Kirche. Was nicht in Heller und Pfennig auszurechnen war, hatte wenig Wert im Hause des Husumer Advokaten S. Das galt auch für literarische Produktionen. Theodor hatte längst erfahren müssen, dass sich der Vater nicht für seine Gedichte interessierte. Vielleicht ahnte er schon, dass sein Vater nie wirklich etwas von ihm lesen würde.

Theodor brauchte jemanden, der ihm die Sicherheit zum Schreiben gab und von dem er sich angenommen fühlte. In der zehnjährigen Bertha hatte er einen solchen Adressaten gefunden. Für Bertha schrieb er:

»Komm zu mir, mein Lockenköpfchen,
Komm zu mir und setz Dich nieder,
Hörst ja gerne, wenn ich singe,
Hörst ja gern die alten Lieder!«

In dem Jahr nach jenem denkwürdigen Heiligen Abend war er in ständigem Briefkontakt mit dem Kind aus Altona geblieben und er hatte seinen Briefen oft Gedichte beigelegt. Aber genügte ihm das? Hat man mit neunzehn nicht auch Träume und Sehnsüchte, die mehr wollen als nur schwärmen und phantasieren?

Theodor wurde an seinem Schreibtisch in der Flämischen

Straße in Kiel schamrot im Gesicht, als er an jenen Oktobermorgen vor drei Jahren in Husum dachte.
Er hatte sich inzwischen an der juristischen Fakultät der Universität Kiel eingeschrieben. Rechtsanwalt wollte er werden wie sein Vater, jedoch nicht aus Leidenschaft, sondern weil er glaubte, das Studium der Rechte könne er sozusagen nebenher erledigen. Sein wirkliches Interesse galt dem, Schreiben und er hoffte, der Beruf des Advokaten würde ihm genug Zeit dafür lassen.
In den Herbstferien 1837 war er dann nach Hause zu den Eltern gefahren. Er war bedrückt, denn er hatte noch keinen Anschluss gefunden in Kiel. Das Studentenleben gefiel ihm nicht. Er hatte geglaubt, Gleichgesinnte zu treffen, junge Menschen, mit denen er reden und streiten konnte. Stattdessen begegnete er aufgedunsenen Verbindungsbrüdern, die sich nur für Bier, Mensuren und Mädchen zu interessieren schienen.
In Husum erwartete ihn eine Überraschung. Seine Schwester Helene hatte eine Freundin eingeladen, die siebzehnjährige Emma Kühl von der Insel Föhr. Theodor war wie elektrisiert. Emma war seine große Kinderliebe gewesen. Eines seiner ersten Gedichte hatte er mit *An Emma* überschrieben. Sie hatten sich in Emmas Elternhaus kennen gelernt und waren ganz verliebt ineinander gewesen. Er erinnerte sich deutlich, dass sie sich mehrfach heimlich hinter der Küchentür geküsst hatten, beide noch Kinder.
Nun war aus dem kleinen Mädchen eine schöne junge Frau

geworden. Ein reizvolles Spiel begann. Theodor, der in Kiel so einsam gewesen war, sah sich plötzlich im Mittelpunkt weiblicher Umgarnungen. Es kam zu Liebesschwüren, Eifersuchtsszenen, Tränenausbrüchen, Versöhnungen und schließlich, am Morgen des 3. Oktobers, zur förmlichen Verlobung.

Doch schon am Nachmittag desselben Tages folgte für Theodor die Ernüchterung. Liebte er Emma wirklich so sehr, dass er den Rest seines Lebens mit ihr teilen wollte? Und vor allem: Wollte er sich wirklich schon so früh binden?

Ihm war bald klar, dass die unüberlegte Verlobung ein Fehler gewesen war. Fünf Monate lang schob er die Entscheidung immer wieder vor sich her. Er wusste natürlich, dass er Emma sehr wehtun würde. Erst am 28. Februar des folgenden Jahres löste er die übereilte Verlobung wieder auf. Es war ihm längst bewusst geworden, dass er eine andere liebte.

Bertha war die Tochter eines vermögenden böhmischen Adligen. Ihr Vater, der Kaufmann Eduard von Buchan, war viele Jahre in Mexiko erfolgreich tätig gewesen. Seine Frau war kurz nach der Geburt der einzigen Tochter gestorben. Als Bertha vier war, hatte ihr Vater sie nach Hamburg gebracht und sie gegen gutes Kostgeld der Ratsdienertochter Therese Rowohl in Pflege gegeben, die zusammen mit ihrer Schwester in einem kleinen Haus am Hamburger Hafen lebte.

Bertha war eigentlich katholisch, doch ihre Pflegemutter erzog sie in protestantischem Glauben. Ihre tiefe, fast sinnliche

Religiosität und warme Herzlichkeit hatten auf Theodor von Anfang an große Faszination ausgeübt.

Aber natürlich hatte er bei seinen wenigen Besuchen in Hamburg und aus den Briefen, die er mit Berthas Pflegemutter gewechselt hatte, durchaus die Reserviertheit gespürt, die ihm Therese Rowohl entgegenbrachte. Wachsam beobachtete sie die Annäherungen des jungen Studenten.

Das hatte Theodor erst in den letzten Herbstferien wieder zu spüren bekommen. Er war zu den Scherffs nach Hamburg gefahren. Bertha war jetzt fast fünfzehn Jahre alt und Theodor fand, dass er sich nun lange genug Zurückhaltung auferlegt hatte. Hartnäckig suchte er nach einer Gelegenheit, mit Bertha allein zu sein. Er musste wissen, was sie wirklich für ihn empfand.

Aber Therese Rowohl war allgegenwärtig. Keine Sekunde ließ sie ihren Schützling aus den Augen. Manchmal hatte Theodor sogar den Eindruck, dass Bertha ganz einverstanden war mit dieser Überwachung.

Am Tag des Abschieds schauten Bertha und ihre Pflegemutter noch einmal bei den Scherffs vorbei. Es kam, wie Theodor befürchtet hatte. Bertha saß mit sittsam im Schoß gefalteten Händen neben ihrer Pflegemutter, hörte artig zu, während die Erwachsenen Höflichkeiten austauschten, und lächelte Theodor mit ihren strahlenden, großen Augen an. Keine Chance auf ein paar Minuten zu zweit.

Aber diesmal war Theodor vorbereitet. Er konzentrierte sich ganz auf Therese Rowohl. Ausführlich erzählte er ihr von seinem Studium in Kiel und ließ beiläufig einfließen, dass er fest damit rechne, sein Examen in spätestens einem Jahr abzulegen. Das war zwar geschwindelt, in Wirklichkeit würde er eher noch zwei Jahre brauchen, aber er hatte richtig kalkuliert. Therese wurde ihm gegenüber respektvoller und ihre Wachsamkeit schien ein wenig nachzulassen.

Dann der endgültige Abschied an der Haustür. Einen Moment lang fürchtete Theodor, dass Bertha alles verpatzen könnte. Ihre Augen weiteten sich fragend, als sie plötzlich den zusammengefalteten Zettel in ihrer Hand spürte. Sie wollte etwas sagen, doch Theodor wandte sich schon von ihr ab. Er verbeugte sich vor Therese und wünschte ihr einen angenehmen Heimweg.

Auf dem Zettel hatte er Bertha vorgeschlagen, die Pflegemutter zu hintergehen. Er nahm an, dass Therese die Briefe ihres Pflegekindes las. Deshalb sollte Bertha ihm ihre Liebe in einer Art Geheimcode gestehen. In ihrem nächsten Brief sollte sie bestimmte Wörter unterstreichen.

Seitdem wartete Theodor. Anfangs hatte er sich täglich zwei- oder dreimal in der Backstube erkundigt, ob Post für ihn angekommen sei. Schließlich hatte Andersen schon den Kopf geschüttelt, bevor Theodor seine Frage auch nur gestellt hatte.

Bertha war schon immer schreibfaul gewesen, versuchte er sich zu trösten. Oft hatte sie ihn viele Wochen auf eine Antwort warten lassen. Aber diesmal war es doch wohl etwas anderes. Das musste ihr doch bewusst sein. Wie konnte sie so grausam sein? Ob etwas passiert war? Hatte Therese den Betrug entdeckt und Bertha jeden weiteren Umgang mit Theodor verboten? War Bertha vielleicht erkrankt? Mit solchen Gedanken marterte er sich und mehr als einmal war er nahe daran, Hals über Kopf nach Hamburg zu reisen und sich Gewissheit zu verschaffen.

Unterdessen war das Weihnachtsfest immer näher gerückt. Theodor hatte eigentlich vorgehabt, wieder nach Husum zu fahren. Aber dann hatte er aus einem Brief seiner Mutter herausgelesen, dass sich da etwas zusammenbraute. Sein Vater erwartete offenbar, dass er schon im Frühjahr das Examen machte. Besser, er mied Husum vorerst.

Sein nächster Gedanke war natürlich gewesen, stattdessen wieder den Heiligen Abend bei den Scherffs in Hamburg zu verbringen. Aber das war nur möglich, fand er, wenn er vorher einen Brief von Bertha erhalten hatte. Doch der war nicht gekommen. Also würde er in Kiel bleiben.

Aber, und auch das stand für ihn außer Frage, ein Fest sollte es trotzdem werden. Er wusste von einigen anderen Freunden aus Husum, die auch nicht nach Hause fahren würden. Für sie würde er einen Weihnachtsabend arrangieren, den sie zeit ihres Lebens nicht vergessen sollten.

Seinen Eltern hatte er mitgeteilt, dass er leider nicht zum Fest nach Hause kommen könne, er müsse fürs Studium arbeiten. Dann hatte er an die Verwandten jener Freunde geschrieben, die ebenfalls über den Jahreswechsel in Kiel bleiben würden. Er hatte gebeten, etwaige den Freunden zugedachte Päckchen und Briefe direkt an ihn zu senden, in die Flämische Straße. Aber heimlich, es solle eine Überraschung werden.

Das war jetzt erledigt. Nun galt es, alles Weitere für ein stimmungsvolles Weihnachtsfest vorzubereiten. Mit Eifer machte sich Theodor daran, seine Liste zu vervollständigen und sie dann Punkt für Punkt abzuhaken.

Die Backwaren würde er bei Bäckermeister Andersen bestellen, aber die Äpfel, Eier, Zuckerwaren und Kerzen würde er selber besorgen. Dazu musste es eine reichliche Tafel geben, mit köstlichen Speisen, erlesenem Wein und vielen Leckereien. Aus eigener Tasche konnte er das nicht alles bezahlen. Er hatte auch so schon genug Schulden gemacht. Am einfachsten war es, wenn er die Freunde um einen Beitrag bat. Dann konnte er für jeden auch noch ein Geschenk kaufen.

Zum Glück hatten die sechs Freunde seinem Plan nicht nur begeistert zugestimmt, sondern sich obendrein dazu hinreißen lassen, tief in ihren Geldbeutel zu greifen, so dass es sogar noch für eine fette Gans reichte, die die Bäckerin unter Theodors Aufsicht nach einem alten Husumer Rezept mit einer ganz bestimmten Apfelsorte füllen und dann in ihrem Ofen braten musste.

Endlich war der Heilige Abend da. Im Haus breitete sich aus der Backstube ein köstlicher Duft nach braunen Keksen und Schmalzgebäck aus. Doch heute kam noch der Geruch nach Gänsebraten und Tannengrün dazu.

Während Theodor und ein Freund in dem großen, hohen

Zimmer die letzten Vorbereitungen trafen, warteten draußen die fünf anderen Husumer gespannt auf die Bescherung. Ungeduldig liefen sie zum Eingang, als Theodor feierlich die große Tür öffnete. Doch auf der Schwelle hielten sie inne. Ergriffen schauten sie auf die weihnachtliche Pracht, die sich ihnen bot. Ein acht Fuß hoher Tannenbaum, der reichlich mit goldenen Äpfeln, Eiern, Netzen, Zuckerzeug und vielen bunten Lichtern geschmückt war, und um den Baum auf großen Tischen lagen die liebevoll verpackten Weihnachtsgeschenke für sie.

Bäckermeister Andersen wartete unten an der Stiege, und als sie oben aufgeregt losstürmten, auf die großen Tische zu, die rund um den Baum aufgestellt waren, stieg er eilig die Stufen hinauf, um durch die immer noch weit geöffnete Tür einen Blick auf die Husumer Weihnachtspracht zu erhaschen. Vor allem den Baum wollte er sehen, eine Prachttanne, die er zusammen mit seinem Lehrling vom Markt herbeigeschleppt hatte. Der Bäckermeister wollte endlich wissen, wie der junge S. diesen Tannenbaum dazu gebracht hatte, ein politisches Bekenntnis abzulegen.

Da sah er die beiden langen, weißseidenen Fahnen, die von der Spitze zu jeder Seite des Baumes herabhingen. Auf der einen befanden sich die Wappen der Länder Schleswig und Holstein und darunter ein plattdeutscher Spruch. Andersen musste näher herantreten, um die Worte lesen zu können, in dem allgemeinen Durcheinander konnte er sich das wohl erlauben. »Wi laven dat Sleswik und Holsten blieven ewig to-

samende ungedeelt!«, stand dort. Wir versprechen, dass Schleswig und Holstein ewig ungeteilt zusammenbleiben.
Auf der zweiten Fahne befanden sich das Husumer Stadtwappen und rundherum ein Vers aus einem alten Lied, das Andersen die Studenten manchmal hatte singen hören: »Süßer Traum der Kinderjahre, kehr noch einmal uns zurück.«
Der Bäckermeister wischte sich gerührt eine Träne aus dem Auge. Lächelnd sah er auf diese großen Husumer Jungen, wie sie sich über ihre Geschenke hermachten, während drüben schon die ganz in Weiß gedeckte Tafel mit Tellern, Gläsern und hoch aufragenden Leuchtern wartete.
Dann ging er leise, wie er gekommen war, aus dem Weihnachtszimmer und stieg die Stufen hinunter.

Theodor Storm
* 14.9.1817 in Husum, ✝ 4.7.1888 in Hademarschen

Theodor Storm wird am 14. September 1817 in Husum geboren, als erstes Kind des Rechtsanwalts Johann Casimir Storm und seiner Frau Lucie. Die Stadt an der Nordseeküste, einst ein wichtiger Handelshafen, hat ihre beste Zeit schon hinter sich. Die Schiffszufahrt zum Hafen ist verlandet. Storms Vorfahren mütterlicherseits waren angesehene Handelsherren und Bürgermeister. »Fast alle Handwerkerfamilien hatten in irgendeiner Generation einen Diener oder eine Dienerin unsrer Familie aufzuweisen«, schreibt Storm in einem Brief an den Dichter Eduard Mörike.

Theodor Storm besucht in Husum die Volks- und die Gelehrtenschule und anschließend noch für eineinhalb Jahre das Katharineum in Lübeck. Schon als Schüler in Husum beginnt er Gedichte zu schreiben.

An den Universitäten Kiel und Berlin studiert er Jura. Das Verhältnis zum Vater wird gespannt, als Theodor länger als üblich braucht und dazu noch in Schulden gerät. Als das Examen endlich geschafft ist, kehrt er nach Husum zurück. Er lässt sich 1843 als Anwalt nieder und gründet einen Gesangverein.

Nebenbei geht er seinen poetischen Neigungen nach. Zusammen mit Theodor und Tycho Mommsen veröffentlicht er das *Liederbuch dreier Freunde*.

Storm fühlt sich einsam in der Husumer Provinzgesellschaft. Er empfindet sie als einengend. Erst als er seine Cousine Constanze Esmarch, die älteste Tochter des Bürgermeisters von Segeberg, näher kennen lernt, gelingt es ihm, aus der Isolierung auszubrechen. Er verlobt sich mit Constanze und heiratet sie 1846.

1848 kommt es zur Volkserhebung gegen die Dänen in Schleswig-Holstein. Storm bekennt sich öffentlich zu dieser Bewegung. Er geht damit ein hohes berufliches Risiko ein. 1852 wird seine Bestallung als Anwalt widerrufen. Storm verliert seinen Brotberuf. Er geht nach Berlin, findet eine Stelle als preußischer Assessor in Potsdam und wird schließlich Kreisrichter in Heiligenstadt bei Göttingen.

Erst zwölf Jahre später, 1864, wird Theodor Storm an die geliebte Nordseeküste zurückgerufen Die Ständeversammlung hat ihn zum Landvogt in Husum gewählt. 1867 wird er Amtsrichter.

All die Jahre findet Storm Zeit zum Schreiben. 1847 ist seine erste Prosaveröffentlichung erschienen, *Marthe und ihre Uhr*. Zwei Jahre später folgt die Novelle *Immensee*, dann die erste Ausgabe der Gedichte. Aber seine wirklich großen Novellen schreibt er erst als Husumer Amtsrichter, in einem Alter, in dem andere sich auf den Lebensabend vorbereiten. *Pole Poppenspäler* bringt er mit siebenundfünfzig heraus, *Aquis submersus* mit neunundfünfzig und *Renate* mit einundsechzig. Sein wohl berühmtestes Werk, die mehrfach verfilmte Novelle *Der Schimmelreiter* nimmt er gar erst 1885 in Angriff, schon schwer erkrankt. »Jetzt spukt eine gewaltige Deichsage, von der ich als Knabe las, in mir, aber die Vorstudien sind sehr weitläufig.« Es gelingt ihm, die Geschichte von dem Deichgrafen, der an der Böswilligkeit seiner Mitmenschen und der Naturgewalt der Nordsee scheitert, noch zu vollenden.

Storms Gedichte und Novellen sind stark geprägt von den Lebensumständen der Menschen an der Küste. Mit den Zeilen »Doch hängt mein ganzes Herz an Dir, Du graue Stadt am Meer« hat Theodor Storm seiner Heimatstadt Husum ein – nicht ganz willkommenes – Denkmal gesetzt.

Nach seiner Pensionierung als Amtsrichter ist Theodor Storm 1880 ins nahe Dorf Hademarschen umgezogen. Als er dort am 4. Juli 1888 stirbt, ist er einer der meistgelesenen Autoren seiner Zeit. Eine riesige Menschenmenge erwartet den Leichnam des Dichters in Husum und geleitet ihn zur Familiengruft.

Lesevorschlag:

Sehr schön lesen sich viele Gedichte von Theodor Storm, zum Beispiel *Hyazinthen* und *Meeresstrand*. Es lohnt sich, sie auswendig zu lernen. Von den Novellen sollte man natürlich den *Schimmelreiter* lesen, dann unbedingt auch die (ein bisschen traurige) Liebesgeschichte *Aquis submersus* und die Künstlergeschichte *Pole Poppenspäler*.

👁 Besichtigungstipps:

Husum ist immer noch Storm-Stadt. Wer schon mal in der Gegend ist, sollte sich auf keinen Fall das von der Storm-Gesellschaft geführte Storm-Museum in der Wasserreihe entgehen lassen, einen Steinwurf vom Hafen entfernt. Storms Geburtshaus findet man am Markt, das Haus der Großeltern in der Hohlen Gasse Nr. 3. Storms Grab befindet sich auf dem St.-Jürgen-Friedhof.

Wer *Aquis submersus* gelesen hat, sollte einen Ausflug ins nahe Dorf Drelsdorf machen. Dort in der Kirche hängt das berühmte Gemälde, um das es in der Novelle geht.

Über Theodor Fontane
Frederik Hetmann

Das Glück auf der Schaukel

Der alte Herr mit den listig-gütigen Augen und dem buschigen, weißen Schnurrbart (ein Kopf, der, wie bei nicht wenigen alten Herren dieser Zeit, an den des Reichskanzlers Bismarck erinnerte) saß an seinem Schreibtisch, vor sich ein leeres Blatt.
Seit einiger Zeit fühlte er sich nicht recht wohl, das Schreiben wollte nicht recht von der Hand gehen. Er hatte eine üble Grippe hinter sich, von der er sich noch nicht vollends erholt hatte. Aber gerade, da sein Gesundheitszustand ihn immer noch bedenklich dünkte und er häufiger als sonst mit seinen immerhin zweiundsiebzig Jahren an den Tod dachte, wäre ihm die Ablenkung durch Schreibarbeit nur lieb gewesen. Doch es ging nicht voran.
Er hätte die erste Fassung der *Effi Briest* überarbeiten müssen. Allerdings fehlte ihm immer noch der Schluss. Er war ohne Mut, dafür voller Selbstzweifel. Die weiße Fläche des Blattes vor ihm starrte ihn an. Er empfand eine Furcht, die er schon hundertmal empfunden und hundertmal besiegt hatte. Warum nicht auch hier und heute? Er malte seine Initialen oben auf die Seite, damit sie nicht länger völlig weiß dastand. Aber das half auch nichts.
Er nahm die erste Niederschrift des Romans hervor, um sich

die kritischen Stellen noch einmal anzusehen, blätterte bis fast zum Ende, geriet ins vierunddreißigste Kapitel und las:
Sie hatte sich an Niemeyers Arm gehängt und sagte: »Ja, da ruft der Kuckuck. Ich mag ihn nicht befragen. Sagen Sie, Freund, was halten Sie vom Leben?«
»Ach, liebe Effi, mit solchen Doktorfragen darfst du mir nicht kommen. Da musst du dich an einen Philosophen wenden oder eine Ausschreibung an eine Fakultät machen. Was ich vom Leben halte? Viel und wenig. Mitunter ist es recht viel, und mitunter ist es recht wenig.«
»Das ist recht, Freund, das gefällt mir, mehr brauch ich nicht zu wissen.«
Er hielt im Lesen inne. Was er da las, überzeugte ihn ganz und gar nicht. Erst will Effi die ganze Welt erklärt haben und dann gibt sie sich mit einer so nichts sagenden Antwort zufrieden. Nein, so ging das nicht. Es bedurfte an dieser Stelle einer Aufpäppelung, wie er solche Korrekturen zu nennen pflegte. Aber wie die aussehen sollte, wusste er nicht. Nicht zufällig war er dort stecken geblieben.
Er blätterte im Manuskript zum Anfang zurück, um sich den Ort der Handlung noch einmal zu vergegenwärtigen. Vielleicht führte das zu einem Einfall.
Fronthaus, Seitenflügel und Kirchhofsmauer bildeten einen kleinen Ziergarten umschließendes Hufeisen, an dessen offener Seite man eines Teiches mit Wassersteg und angeketteltem Boot und dicht daneben einer Schaukel gewahr wurde, deren horizontal gelegtes Brett zu Häupten und Füßen

an je zwei Stricken hing – die Pfosten der Balkenlage schon etwas schief stehend. Zwischen Teich und Rondell aber und die Schaukel halb versteckend standen ein paar mächtige alte Platanen.

Es fiel ihm nichts ein und seine Nervosität nahm zu.

Seine Gedanken liefen zu Effis Ehemann Innstetten, zweifellos die delikateste Gestalt in der ganzen Geschichte. Nach sechs oder sieben Jahren findet er Briefe eines Major Crampas, eines Mannes, von dem er annimmt, dass seine Frau mit diesem die Ehe gebrochen hat. Obwohl alles so lange her ist, will er sich mit dem Major Crampas, diesem Mann mit dem rothaarigen Schnurrbart, den der Erzähler hat sagen lassen, die Liebe sei doch das Wichtigste im Leben, duellieren. Innstetten sucht sich einen Sekundanten, findet ihn auch in dem Geheimrat Wüllersdorf und der tut etwas sehr Vernünftiges. Er versucht Innstetten von dem Duell abzubringen. Aber der betrogene Ehemann beharrt auf dem Duell. Was er denn wolle, fragt ihn Wüllersdorf, Rache, Ausgleich für seine Kränkung?

Nein, sagt Innstetten, er empfinde weder Durst nach Rache noch Hass, er liebe auch seine Frau immer noch. Er erklärt, warum er das Duell will: *»Weil man ist nicht bloß ein einzelner Mensch, man gehört einem Ganzen an, und auf das Ganze haben wir beständig Rücksicht zu nehmen.«*

Fontane fand es jetzt, da er den Text wieder las, durchaus nachvollziehbar, dass Innstetten auf dem Duell beharrte und dass er sich auf den Ehrenkodex seines Standes berief. Das war schon richtig gesehen. Aber ob die Leser begreifen würden, wem er die Schuld gab? Das war eine andere Frage. Die hübschen Verse fielen ihm ein, die er einmal für seine Tochter über das Publikum geschrieben hatte:

Das Publikum ist eine einfache Frau,
Bourgeoishaft, eitel und wichtig.
Und folgt man ihr, wenn sie spricht, genau,
So spricht sie nicht einmal richtig.

Eine einfache Frau, doch rosig und frisch,
Und ihre Juwelen blitzen,
Und sie lacht und führet einen guten Tisch,
Und es möchte sie jeder besitzen.

Er machte sich wieder daran, das Gespräch zwischen Arzt und Patientin am Ende des Romans fortzuschreiben, aber es gelang ihm immer noch nicht. Es fiel ihm als Äußerung des etwas biederen Doktors Niemeyer nichts ein, was diese Stelle verbessert und dazu getaugt hätte, die Handlung weiterzuführen.

Er spielte eine Weile mit dem Federhalter herum. Dann öffnete er die linke Schublade seines Schreibtisches, kramte dort, holte ein Bündel mit Briefen heraus. Briefe, die seine Frau Emilie, die liebe, gute Mila, ihm und er ihr geschrieben hatte. Er löste das Band, mit dem das Bündel verschnürt war, und zog, ohne groß auf die Ordnung zu achten, einzelne zu-

sammengefaltete Bogen hervor. Wie ein Orakel! Oft, so hatte er festgestellt, fanden sich in ihren Briefen, die nicht nur ihr wechselvolles Verhältnis zueinander dokumentierten, erstaunlich präzise Beobachtungen, die er dann bei solchen Schreibkrisen in seine Romane übernommen hatte und mit denen dann das Schiff von der Sandbank freigekommen war.
Sieben Kinder hatte sie ihm geboren, zwei lebten nur wenige Tage, eines war nach einem halben Jahr gestorben. Als er als Zeitungskorrespondent in England gewesen war, hatte sie mit den Kindern allein gelebt. Er war in London gewesen, als Rudolph und Theodor geboren wurden und Rudolph knapp vierzehn Tage nach seiner Geburt gestorben war. Er las, was Mila ihm damals geschrieben hatte:
»Ja, mein einziger Herzensmann, ich leide viel; gestern Abend um 7 Uhr hat der liebe Gott unseren kleinen Neugeborenen wieder zu sich genommen! Mein lieber, lieber Mann, es thut sehr weh u. gewiß ist das Kind vom Herzen der Mutter, denn das wehrt u. sträubt sich sehr, ehe es den kleinen Liebling hergiebt. Gestern Nachmittag erhielt der Kleine die Nothtaufe, Fournier war sehr liebevoll, sprach schön und betete auch für den fernen Vater; wir haben ihn Rudolph taufen lassen.«
Fort damit, das war zu traurig. Er dachte wieder an Innstetten und verglich dessen Verhältnis zu Effi mit seinem zu Mila.
Auf einem anderen Bogen, der ihm in die Hände geriet – der Brief war aus dem April 1870 und damals hatte er gerade bei

der *Kreuz-Zeitung* gekündigt, um als freier Schriftsteller zu leben –, stieß er auf eine Mila, die ihm zürnte:

»Du scheinst ebenso wenig zu fühlen, wie beschämend es für mich ist, daß Du einen so entscheidenden Schritt für unser Leben getan hast, ohne Dir die Mühe zu nehmen, mit mir darüber zu berathschlagen.«

Da ihre und seine Briefschaften zusammengebündelt waren und er den Zufall auswählen ließ, kam ihm als Nächstes ein Blatt vor Augen, das er selbst am 13. Mai 1852 in London beschrieben hatte.

»Ich bin weit darüber hinweg, daß ein Poet ein ganz andrer Kerl sei wie ein Tuchfärber oder Leinenfabrikant, aber es giebt, unbestritten, sehr viel wohlhabende Leute, die ihre Frauen trotz allen Wohllebens *nicht* glücklich machen und – dessen sei eingedenk.«

Ja, das hatte wohl einmal gesagt werden müssen.

Mila und er hatten einander nichts geschenkt. Vielleicht aber hatte gerade das ihrer Ehe bei allen Konflikten Dauer gegeben, denn, so überlegte er, in der Ehe kommen nicht zwei Idealgestalten, sondern zwei unvollkommene Wesen zusammen, und nie dürfte es dem einen gelingen, den anderen voll und ganz bis in den letzten Winkel seines Herzens zu verstehen.

Überhaupt wäre es mit dem Ins-Herz-Blicken und der Kenntnis der geheimsten Gedanken des anderen eine heikle Sache. Es war ganz klug, dass es beim Menschen nicht so eingerichtet war. Denn auf was würden, wenn es so wäre, die

Weiblein und Männlein bei dem oder der anderen jeweils stoßen!

Er war gerade dabei, die Briefe wieder fortzuräumen, als er es im Flur klingeln hörte. Das würde Doktor Delhaes sein, der Hausarzt.

Die Tür zu Fontanes Arbeitszimmer öffnete sich, Emilie selbst führte den Arzt herein und sagte: »Ich lasse Sie mit Theodor allein. Mein Mann mag es nicht, wenn ein Dritter, außer dem Arzt, über die wahren Ursachen seines Zustandes allzu genau Bescheid weiß.«

Doktor Delhaes war ein erfahrener und gewandter Mann. Für einen Moment dachte Fontane daran, wie vielen Sterbefällen und Geburten er wohl beigewohnt haben mochte, ohne je die Contenance zu verlieren.

»Ich bitte Sie, gnädige Frau«, sagte er, »gewiss hat keiner von uns ollen Burschen etwas einzuwenden, wenn Sie zugegen sind.«

»Verzeihen Sie, Doktor«, sagte Fontane, »aber meine Frau hat ganz Recht. Ein Gespräch mit Ihnen unter vier Augen wäre mir heute sehr genehm.«

Der Arzt hob die Schulter und Emilie zog sich zurück. Die beiden Männer waren allein. Delhaes suchte in seiner Arzttasche nach Instrumenten, die er für eine Untersuchung brauchte.

»... können Sie stecken lassen«, sagte Fontane knurrig. »Es ist nicht die Influenza, die mir zu schaffen macht.«

»Aber was denn sonst, mein Lieber?«

»Tja, es ist wohl die Schreiberkrankheit«, sagte Fontane. »Die Sätze stocken. Ich bin blockiert. Mir fällt nichts mehr ein. Aber setzen wir uns doch. Ich brauche Ihren Rat. Zigarre?«

Der Arzt schüttelte mit nachdenklichem Gesicht den Kopf. Sie nahmen in zwei bequemen Sesseln Platz. Delhaes fuhr sich durch das schüttere Haar. Dann sagte er: »Ich höre. Aber ich bin Ihr Arzt, nicht Ihr Verleger.«

»Dennoch ist es Ihr Rat, den ich brauche …«

»Ich bin gespannt.«

»Was würden Sie tun, wenn Ihnen das Alter zu schaffen machen würde?«

»Auf welche Art?«

»Na ja, eben nichts Medizinisches, mehr etwas, was die Tatkraft hemmt … was nicht heißt, dass ich Sie bitten möchte, mich gleich zu einem Nervenarzt zu schicken. Ich sagte es Ihnen ja schon. Es fällt mir nichts mehr ein. Januar, Februar, März … ich habe drei Monate keine Zeile geschrieben. Ich habe ein Brett vor dem Kopf, mir ist die Puste ausgegangen.«

Der Arzt schaute blinzelnd zu Fontane hinüber. »Vielleicht liegt es nur an der Gattung Romane …«, sagte er. »Ich meine, es muss doch eine beträchtliche Anstrengung sein, sich eine ganze Romanhandlung auszudenken.«

»Zugegeben, aber es ist mir ja bisher gelungen, soweit man das selbst beurteilen kann.«

»Sie übersehen vielleicht in Ihrem Kalkül Ihr Alter. 72 Jahre

... Sie sind kein junger Springer mehr, ob Sie das nun gern hören oder nicht, mein Lieber.«

»Aber ohne Arbeit ...« Fontane schien nachzudenken. »Na ja ... das würde nur meinen Konsum an Zigarren steigern, denn dahinter, müssen Sie wissen, steckt bei mir die Qual der Langeweile. Langeweile ist etwas, was ich überhaupt nicht vertrage.«

»Tja dann ...« Delhaes schien so wenig einzufallen wie Niemeyer in der Szene mit Effi. »Wenn es mit den Romanen nicht klappt, warum in aller Welt versuchen Sie es nicht einmal mit Ihren Memoiren? Sie haben doch ein interessantes Leben gehabt. Ich jedenfalls würde gern die Geschichte Ihres Lebens lesen.«

»Ich weiß nicht, lieber Delhaes«, sagte Fontane, »aber immer so bei sich selbst herumpuhlen. Ich weiß nicht, ob das mein Fall wäre.«

»Ob Sie meinem Rat folgen wollen oder nicht, müssen Sie schon selbst wissen. War ja nur ein Vorschlag von einem Quacksalber. Was versteht unsereiner schon von Literatur? Aber ich denke mir einfach, wenn Sie so etwas schrieben, würde es mehr Leute als nur mich als Leser finden. Und nun will ich doch noch mal Ihren Puls nehmen und in Ihre Bronchien horchen. Besser ist besser.«

Delhaes hatte ihn also untersucht, war zufrieden gewesen mit Puls und Lunge. Sie redeten noch eine kurze Weile über dies und das, dann ging der Arzt. Kaum war er fort, schaute Emilie ins Zimmer.

»Na, was hat Delhaes nun gesagt …?«, fragte sie neugierig.
»Ich bin kerngesund«, verkündete ihr Fontane. »Um ehrlich zu sein, ich habe ihn wegen was ganz anderem gefragt. Es sieht so aus, als ob ich keinen Roman mehr zusammenkritzeln könnte.«
»Du hast genug Romane geschrieben, findest du nicht auch?«
»Es gibt da aber noch ein paar Geschichten, von denen ich behaupte, dass sie sich gedruckt ganz hübsch machen würden.«
»Etwa jene ›Geschichten‹, die du bisher noch niemandem erzählt hast?«
Fontane warf ihr einen sauren Blick zu. »Du meinst die Enthüllungen Nr. 1 und Nr. 2? Ich fürchte, einige Leute würden es mir ziemlich übel nehmen, wenn ich vor aller Welt bekannt geben würde, wie es zu meinen beiden illegitimen Sprösslingen gekommen ist. So etwas mag zwar manch anderem auch passiert sein, doch deshalb will man nicht unbedingt in der *Gartenlaube* etwas darüber lesen. Nein, das kann ich auch der Verwandtschaft nicht antun … Aber Delhaes hat schon Recht: Es gäbe da so einiges, was sich gewiss recht hübsch machen würde.«
»Dann schreib doch.«
»Werde ich auch, Mila … Als eine Art Selbsttherapie … Und ehe ich anfange, muss ich mich zurückträumen in meine Kindheit …«
Als Emilie hinausgegangen war, lehnte er sich im Sessel zu-

rück und schloss die Augen. Er war selbst gespannt, welches Bild von damals ihm als Erstes in den Sinn kommen würde.
Es war das Bild eines Gartens, dessen hinterer Teil mehr einer Wildnis glich.
Er überließ sich den Laterna-magica-Bildern seiner Erinnerung nur wenige Minuten. Dann sprang er auf, machte die paar Schritte zum Schreibtisch und schrieb in beträchtlicher Eile dies:
... schöner aber als alles das war für mich wenigstens eine zwischen zwei Holzpfeilern angebrachte, ziemlich baufällige Schaukel. Der quer überliegende Balken fing schon an, morsch zu werden, und die Haken, an denen das Gestell hing, saßen nicht mehr allzu fest. Und doch konnte ich gerade von dieser Stelle nicht los und setzte meine Ehre darein, durch abwechselnd tiefes Kniebeugen und elastisches Wiederemporschnellen die Schaukel derart in Gang zu bringen. Aber das gerade war die Lust, denn es erfüllte mich mit dem wonnigen und allein das Leben bedeutenden Gefühle: Dich trägt das Glück.
Er sprang auf und musste einen Ausruf der Freude unterdrücken, denn er war nicht nur gewiss, nun seine Lebenserinnerungen schreiben zu können. Mit diesem Bild aus seiner Kindheit hatte es auch noch eine ganz andere Bewandtnis. Er nahm das Manuskript von *Effi Briest* vor und suchte im ersten Kapitel. Ja doch, da war die Schaukel, gleich auf den ersten Seiten ...
Und nun fiel ihm auch ein, dass er später noch mal auf die

Schaukel zu sprechen gekommen war, dort nämlich, wo Innstetten drinnen in Effis Elternhaus um ihre Hand anhält, während sie draußen sich für eine kurze Weile mit ihren Freundinnen bei noch recht kindlichen Spielen vergnügt:
»Aber kommt, wir wollen schaukeln, auf jeder Seite zwei, reißen wird es ja wohl nicht, oder wenn ihr nicht Lust habt, denn ihr macht wieder lange Gesichter, dann wollen wir Anschlag spielen. Eine Viertelstunde hab ich noch.«
Und siehe da, von dieser Stelle flogen seine Gedanken zum noch ungeschriebenen Schluss, zum Gespräch zwischen Effi und Niemeyer, und plötzlich wusste er, wie es weitergehen musste. Ja doch, wenn der biedere Landarzt ihr keine schlüssige Antwort darüber zu geben in der Lage war, was er vom Leben halte, musste ihr diese Antwort auf andere Art und Weise »zufliegen«.
Und wieder tauchte er die Feder ein und schrieb, ohne innezuhalten, außer um seine Feder abermals mit Tinte zu benetzen:
Und als sie das so sagte, waren sie bis an die Schaukel gekommen. Sie sprang hinauf mit einer Behändigkeit wie die in ihren jüngsten Mädchentagen, und ehe sich noch der Alte, der ihr zusah, von seinem halben Schreck erholen konnte, huckte sie schon zwischen den zwei Stricken nieder und setzte das Schaukelbrett durch ein geschicktes Auf- und Niederschnellen ihres Körpers in Bewegung. Ein paar Sekunden noch und sie flog durch die Luft und bloß mit einer Hand sich haltend riss sie sich mit der andern ein kleines Seidentuch von Brust

und Hals und schwenkte es wie in Glück und Übermut. Dann ließ sie die Schaukel wieder langsam gehen und sprang herab und nahm wieder Niemeyers Arm.
»Effi, du bist doch noch immer, wie du früher warst.«
»Nein. Ich wollte, es wäre so. Aber es liegt ganz zurück und ich hab es nur noch einmal versuchen wollen. Ach, wie schön es war, wie mir die Luft wohl tat; mir war, als flög ich in den Himmel. Ob ich wohl hineinkomme? Sagen Sie mir's, Freund, Sie müssen es wissen. Bitte, bitte ...«
Niemeyer nahm ihren Kopf in seine zwei alten Hände und gab ihr einen Kuss auf die Stirn und sagte: »Ja, Effi, du wirst.«
Er wusste, die Schreibhemmung war überwunden. Fast könnte man von einem Zauber sprechen, dachte er. Er war sicher, für die nächsten drei, vier Monate würde ihm die Arbeit leicht von der Hand gehen. Er überlegte, ob er Doktor Delhaes ein Kistchen Zigarren schicken sollte, aus Dank für seinen therapeutischen Ratschlag, der sich als so hilfreich herausgestellt hatte. Dann verlor sich dieser Gedanke im Staunen darüber, welche Wunder doch die Kindheit und Jugend eines jeden Menschen in ihrem Schoße birgt.

Theodor Fontane
* 30.12.1819 in Neuruppin, † 20.9.1898 in Berlin

Theodor (eigentlich Henri Théodore) Fontane wird am 30. Dezember 1819 in Neuruppin bei Berlin als Sohn des Apothekers Louis Henri Fontane und seiner Frau Emilie geboren. Er besucht das Neuruppiner Gymnasium und ab 1833 die Gewerbeschule in Berlin. 1836 wird er Apothekerlehrling und arbeitet dann bis 1844 als Apothekergehilfe in Burg bei Magdeburg, in Leipzig, Dresden und schließlich in der Apotheke des Vaters in Letschin (Oderbruch). 1844 geht er als Freiwilliger zum Militär und macht im selben Jahr seine erste Englandreise. Bei der Revolution des Jahres 1848 ist Fontane nach dem Urteil von Günter Grass »mehr Revoluzzer als Revolutionär«.
Theodor Fontane hat schon früh zu schreiben begonnen. Mit zwanzig veröffentlicht er im *Berliner Figaro* die Versnovelle *Geschwisterliebe*, sein erstes gedrucktes Werk. 1843 ist er das erste Mal als Gast bei der literarischen Gruppe »Tunnel über der Spree«, im Jahr darauf wird er als Mitglied aufgenommen.
1847 legt er sein Staatsexamen ab und wird als Apotheker erster Klasse approbiert. 1849 gibt er den Apothekerberuf auf. 1850 heiratet er Emilie Rouanet-Kummer. Ein Jahr später wird ihr erster Sohn, George Emile, geboren. Fontane arbei-

tet nun in der »Zentralstelle für Presseangelegenheiten« der preußischen Regierung, einer Zensurbehörde. 1852 reist er im Auftrag der halboffiziellen *Preußischen Adlerzeitung* wieder nach England, kehrt aber noch im selben Jahr wieder nach Berlin zurück. Von 1855 bis 1859 ist er erneut in London und baut dort eine »Deutsch-Englische Pressekorrespondenz« im Auftrag der preußischen Regierung auf. 1856 wird sein Sohn Theodor geboren. 1858 macht Fontane eine »romantische« Reise nach Schottland, die ihm Anregungen für viele seiner Balladen gibt.

1859 kehrt er endgültig nach Berlin zurück. Er beginnt mit den *Wanderungen durch die Mark Brandenburg*. 1860, einige Monate nach der Geburt seiner Tochter Martha, wird er Redakteur bei der streng konservativen *Neuen Preußischen Kreuz-Zeitung*. In den Kriegen von 1864, 1866 und 1870/71 arbeitet er als Kriegsberichterstatter. Dabei wird er 1870, inzwischen hat er bei der *Kreuz-Zeitung* gekündigt, in Domremy als Spion verhaftet und gerät für zwei Monate in Gefangenschaft.

Fontane arbeitet als Theaterkritiker und wird Ständiger Sekretär der Akademie der Künste in Berlin, reicht aber schon nach kurzer Zeit sein Rücktrittsgesuch ein. Von nun an arbeitet er als freier Schriftsteller. Er schreibt seinen historischen Roman *Vor dem Sturm*, den er schon 1863 begonnen hat, zu Ende. Jetzt im Alter schreibt er jene realistischen Erzählungen und Romane in reflexiv plauderndem Stil, die ihn als einen Meister der Milieuschilderung und der Menschendarstellung wie auch als Chronisten einer Zeit des Wandels der Lebensverhältnisse und der Werte in Preußen bekannt machen. 1882 erscheint *Schach von Wuthenow*, 1885 *Unter dem Birnbaum*, 1886 *Cécile*, 1887 *Irrungen Wirrungen*, 1890 *Stine*, 1891 *Unwiederbringlich*.

Ab 1892, Fontane ist inzwischen siebzig, veröffentlicht er die großen Romane, die auch heute noch viel gelesen werden, *Frau Jenny Treibel*, *Effi Briest*, *Die Poggenpuhls* und schließlich *Der Stechlin*. Der Titel verweist auf einen in der Nähe eines Herrenhauses befindlichen See, dessen Namen auch der märkische Junker Dubslav und dessen Sohn Woldemar tragen. Grundkonflikt ist der Gegensatz zwischen dem Alten und dem Neuen, den Jungen und den Alten, dem konservativen Preußentum und der zunehmenden Bedeutung der Sozialdemokratie. Bewusst experimentiert der Autor mit der herkömmlichen Romanform. »Zum Schluss stirbt ein Alter und zwei Junge heiraten sich«, so fasst Fontane selbst die Handlung in einem Briefentwurf zusammen.

In der Zeit von 1893 bis 1898 veröffentlicht Theodor Fontane außerdem seine viel gelesenen autobiographischen Schriften *Meine Kinderjahre* und *Von Zwanzig bis Dreißig*.

Theodor Fontane stirbt am 20. September 1898 in seiner Wohnung in Berlin. Vier Tage später wird er auf dem Friedhof der Französischen Reformierten Gemeinde im Norden Berlins beigesetzt.

Theodor Fontane

📖 Lesevorschlag:

Als erste Annäherung an Theodor Fontane sollte man seine Balladen lesen. Die berühmtesten und schönsten sind *John Maynard* und *Die Brücke am Tay*. Dann könnte man einige Gedichte lesen und vielleicht sogar auswendig lernen, *Summa Summarum* zum Beispiel.
Auf keinen Fall sollte man sich die Romane entgehen lassen. *Effi Briest* muss man einfach gelesen haben, aber auch *Unwiederbringlich* und *Frau Jenny Treibel*.
Wer Theodor Fontane wirklich verstehen will, sollte seinen autobiographischen Roman *Meine Kinderjahre* lesen.

👁 Besichtigungstipps:

Im schönen Neuruppin bei Berlin lohnt der Besuch des Fontane-Museums.
Die *Wanderungen durch die Mark Brandenburg* kann man auch als Reiseführer nutzen und die Orte besuchen, die Fontane erwähnt.

Quellennachweis der Abbildungen

Grimmelshausen Buchhandlung und Verlag, Oberkirch (24: stilisierte Grimmelshausen-Darstellung); Archiv für Kunst und Geschichte, Berlin (38: Lessing-Bildnis von Johann Heinrich Tischbein d.Ä., 1760; 151: Radierung nach einem Selbstbildnis Hoffmanns); Slg. Dr. Hans Agricola, Hamburg (56: Claudius-Gemälde von Friederike Leisching); Privatbesitz Bloomington (70: Bildnis des 16-jährigen Goethe von Anton Johann Kern); Schiller-Nationalmuseum Marbach (88: Schiller-Gemälde von Philipp Friedrich Hetsch, 1782; 120: Hölderlin-Pastell von Franz Hiemer, 1792); Sammlung Historia-Photo, Hamburg (Kleist-Kreidezeichnung von Wilhelmine von Zenge, 1806; 278: Fontane-Zeichnung von Friedrich Georg Kersting, 1843); Eichendorff-Museum, Neiße (164: Eichendorff-Gemälde von Franz Kugler, 1832); Westfälisches Amt für Denkmalpflege, Münster (177: Droste-Miniatur von Jenny von Droste-Hülshoff, um 1820); Bildarchiv Preußischer Kulturbesitz (198: Heine-Zeichnung von Ludwig Grimm; 214: Büchner-Porträt von August Hoffmann); Österreichische Nationalbibliothek Wien (227: Stifter-Stahlstich von Carl Mahlknecht nach einem Gemälde von M.M. Daffinger); Gottfried-Keller-Nachlass/Zentralbibliothek Zürich (242: Keller-Zeichnung von Johann Salomon Hegi); Archiv d. Theodor-Storm-Gesellschaft Husum (260: Storm-Gemälde von Nicolaus Sunde, 1857)

Deutsche Geschichte
erzählt von Manfred Mai
Mit Bildern von Julian Jusim
Beltz & Gelberg Sachbuch (75302), gebunden, 178 Seiten *ab 12*

Die deutsche Geschichte auf gerade einmal zweihundert Seiten
zu erzählen ist ein mutiges, aber notwendiges Unterfangen.
Jugendliche haben zwar Geschichtsunterricht,
aber was das wirkliche Verstehen von Geschichte erst
möglich macht, die Zusammenschau des Großen und Ganzen,
steht erst an dessen Ende.
Manfred Mai hat selbst Geschichte unterrichtet und
kennt dieses Dilemma. In seinem Buch versucht er deshalb
die großen Linien der deutschen Geschichte nachzuziehen und
vor allem: von ihren wichtigen Ereignissen und Personen
anschaulich und lebendig zu *erzählen*. So ist ein Buch entstanden,
das nicht nur behauptet, sondern zeigt, wie spannend Geschichte
sein kann. Vielleicht hilft es damit sogar den Lehrern.
Denn wer für die Geschichte erst einmal gewonnen ist, der ist es
im glücklichen Falle auch für den einschlägigen Unterricht.

»Manfred Mai (…) nahm das neue Jahrtausend zum Anlass, die
deutsche Geschichte von den alten Germanen bis zu Kohl (…) so
geschickt und unterhaltsam aufzudröseln, dass selbst der müdeste
Pennäler aufhorcht und manch ein Lehrer neidisch wird.«
Stuttgarter Nachrichten

Beltz & Gelberg
Beltz Verlag, Postfach 10 01 54, 69441 Weinheim

Jacques LeGoff
Die Geschichte Europas
erzählt von Jacques LeGoff
Aus dem Französischen von Thomas Scheffel
Illustriert von Charly Case
Gulliver Taschenbuch (75501), 104 Seiten *ab 12*

Le Goff erzählt von 3000 Jahren Geschichte mit der Fachkenntnis des Historikers und dem Engagement des überzeugten Europäers. Sein Buch zeigt, wie in einem langen Prozess die Vielfalt europäischer Kulturen zu einem Europa zusammenwächst. Dieser Prozess war schwierig und geprägt von langen Perioden feindlicher Nachbarschaft. Doch gerade diesen Teil der europäischen Geschichte muss kennen, wer sich im einen Europa orientieren will.
»Um zu verstehen, warum die Europäer so verschieden sind, trotz allem aber eine Gemeinschaft bilden, kann man an eine Familie denken. Es gibt eine allgemeine Ähnlichkeit unter den Angehörigen einer Familie, aber jeder sieht anders aus, besitzt eine eigene Persönlichkeit, vor allem aber einen unterschiedlichen Charakter.«
Jacques le Goff

Beltz & Gelberg
Beltz Verlag, Postfach 10 01 54, 69441 Weinheim

André Fourçans
Die Welt der Wirtschaft
Aus dem Französischen von Sabine Schwenk
Illustriert von Silke Henßel
Gulliver Taschenbuch (75502), 192 Seiten *ab 12*

Was haben konfuse Kellner irgendwo auf der Welt und Fahrräder aus China gemeinsam? Ganz einfach: Sie sind Teil eines komplexen Wirtschaftskreislaufs, dessen Grundregeln in diesem Buch erklärt werden.
André Fourçans bahnt mit Witz und Verstand einen Weg durch den Dschungel der Ökonomie. Dabei erfährt der Leser u.a., warum Markenklamotten teurer sind als andere, wie die Börse funktioniert und was es mit der Arbeitslosigkeit auf sich hat.
Der Autor schrieb dieses Buch ursprünglich für seine Tochter – in der Überzeugung, dass es zur Grundausstattung eines Menschen des 21. Jahrhunderts gehört, die wichtigsten Wirtschaftsfragen unserer Zeit zu verstehen.

Beltz & Gelberg
Beltz Verlag, Postfach 10 01 54, 69441 Weinheim